Alltag im Dritten Reich

Chris Dillon
Esther von Richthofen

Alltag im Dritten Reich

SUTTON
VERLAG

Bild S. 2: Hitlerjungen aus Worms beim Wasserholen, 1935.

Druck: CPI Moravia Books s. r. o. | Pohorelice, Tschechische Republik

ISBN 978-3-86680-367-1

Aktion Sühnezeichen Friedensdienste

Aktion Sühnezeichen Friedensdienste (ASF) wurde 1958 gegründet. Junge Deutsche sollten in die Länder gehen, die besonders unter dem Nationalsozialismus gelitten hatten und durch gemeinnützige Projekte Zeichen setzen: als Bitte um Vergebung und Versuch, einen Prozess der Versöhnung in Gang zu bringen.

Seitdem haben Tausende von ASF-Freiwilligen die Erfahrung gemacht, dass der bewusste Umgang mit der Vergangenheit und ihren Auswirkungen auf die Gegenwart eine gemeinsame Zukunft ermöglicht.

Heute engagieren sich jedes Jahr rund 500 ASF-Freiwillige in elf Ländern Europas, in Israel und den USA. Sie betreuen Holocaust-Überlebende und ehemalige Zwangsarbeiter, begleiten Schulklassen bei Gedenkstättenbesuchen, fördern den interreligiösen Dialog, unterstützen Flüchtlinge, psychisch Kranke und arbeiten mit Menschen mit Behinderungen und Obdachlosen.

ASF ist ein gemeinnütziger Verein, der sich zu großen Teilen aus Spenden und Kollekten finanziert. Mit dem Kauf dieses Buches unterstützen Sie direkt das wichtige Engagement der ASF-Freiwilligen gegen das Vergessen – für eine menschliche Zukunft. Herzlichen Dank!

Mehr unter www.asf-ev.de

Sühnezeichen
Aktion
Friedensdienste

Inhalt

Einleitung

Es gibt etwa drei Dutzend Fotos, die unser Bild vom Dritten Reich prägen, weil sie in Schulbüchern, Dokumentarfilmen oder Ausstellungen immer aufs Neue verwendet werden: Hitler schüttelt Hindenburg die Hand, beugt sich dabei zwar tief, aber verhalten lächelnd nach vorne; Tausende Angehörige nationalsozialistischer Kampfverbände marschieren am 30. Januar 1933 mit Fackeln durch das Brandenburger Tor; lodernde Flammen fressen sich durch die Kuppel des Reichstagsgebäudes; die Reichsparteitage in Nürnberg mit Rieffenstahlscher Inszenierung vor Speerscher Kulisse; ein über dem voll besetzten Stadion prangendes Hakenkreuz bei der Eröffnung der Olympischen Spiele 1936 in Berlin; Hitlers Ansprache auf dem überfüllten Wiener Heldenplatz.

Dies sind die einprägsamsten Bilder der Machtergreifung und -konsolidierung – sie markieren Hitlers verschiedene Stationen auf dem Weg an die Spitze des Staates. Nachdem der Putsch in München am 9. November 1923 gescheitert und Hitler im Gefängnis gelandet war, entschloss sich die Parteiführung, die NSDAP salonfähig zu machen und die Macht auf legalem Weg zu erobern. Hitler und seine Anhänger stützten sich dabei auf schwache politische Amtsinhaber wie Hindenburg und von Papen. Sie nutzten die Verfassung für ihre Zwecke aus, profitierten vom Frust über die Weimarer Republik und setzten ihre gewalttätigen paramilitärischen Organisationen ein. So gelang es ihnen, in kürzester Zeit einen immer entsetzlicher werdenden Unrechtsstaat an die Stelle der ersten demokratischen Republik Deutschlands zu stellen.

Anfang der 30er-Jahre gewann die NSDAP zunehmend an Stimmen. Die rechtsnationalen Kräfte der Weimarer Republik suchten die Nähe dieser aufstrebenden Partei, um den Einfluss der linken Gruppierungen einzuschränken und um ihrerseits von der Popularität der NSDAP zu profitieren. Zwar unterlag Hitler in den Reichspräsidentenwahlen 1932 Hindenburg, bereits am 30. Januar 1933 wurde er aber von diesem zum Reichskanzler ernannt. Gleich zu Beginn konnte er Hindenburg davon überzeugen, dass sich keine arbeitsfähige Mehrheit im Parlament hatte bilden können, weshalb der Reichstag am 1. Februar aufgelöst und am 4. Februar eine „Verordnung zum Schutze des Deutschen Volkes" erlassen wurde, die die Presse- und Versammlungsfreiheit massiv einschränkte. Eine weitere Gelegenheit, die Rechte von Hitlers politischen Gegnern zu beschneiden, bot der Reichstagsbrand am 27. Februar. Noch in der Nacht des Brandes wurde der Holländer Marinus van der Lubbe festgenom-

links: Der 1. Mai wird von den Nazis als Tag der Arbeit propagandistisch ausgenutzt. Alte und neue Symbole gehen eine Verbindung ein. Vorbereitung eines Maibaums in Vaihingen, ca. 1938.

men – vermutlich war er tatsächlich verantwortlich, doch es lässt sich nicht hundertprozentig ausschließen, dass die Nazis selbst die Drahtzieher des Feuers waren, um einen Vorwand zu haben, ihre Gegner zu liquidieren.

Trotz Einschüchterungstaktiken und massivem Wahlkampf erreichte die NSDAP in den Reichtagswahlen am 5. März nicht die absolute Mehrheit. Hitler ließ daraufhin am 8. März die Reichstagsmandate der KPD aberkennen und viele Kommunisten verhaften. Am 21. März konstituierte sich der Reichstag ohne Sozialdemokraten und Kommunisten in der Potsdamer Garnisonkirche. Nur zwei Tage später wurde das so genannte Ermächtigungsgesetz erlassen, nach dem von der Regierung beschlossene Gesetze weder vom Reichsrat ratifiziert noch dem Reichspräsidenten zur Genehmigung vorgelegt werden mussten. Am 31. März führte das „Gesetz zur Gleichschaltung der Länder mit dem Reich" zur Auflösung der Landesparlamente und deren Ersetzung durch politisch besser steuerbare Reichsstatthalter.

Hitlers eigene Position wurde parteiintern endgültig durch die Ausschaltung der SA in der „Nacht der langen Messer" im Juni 1934 gefestigt. Mit dem Tod Hindenburgs am 2. August 1934 konnte Hitler dann die Ämter des Reichspräsidenten und Reichskanzlers zusammenlegen und sich selbst zum „Führer und Reichskanzler" erklären, auf den auch die Reichswehr einen Eid schwören musste.

Weder Armee, Beamtentum noch die Industrie stellten sich Hitler in den Weg. In der Bevölkerung wurde Hitler in den 30er-Jahren immer mehr verehrt. Dies ist nicht nur dem Propagandaapparat zuzuschreiben: Hitlers Popularität beruhte nicht zuletzt auf einem Konjunkturaufschwung und der Absenkung der die 20er-Jahre dominierenden Arbeitslosigkeit. Sicherlich hatten die Arbeitsbeschaffungsmaßnahmen Hitlers zur Verbesserung der Situation beigetragen, jedoch zeigt die jüngste Forschung, dass der Aufschwung sehr viel mehr ein Resultat der allgemeinen wirtschaftlichen Erholung als Hitlers Verdienst war. Auch kam die Konjunktur nicht spürbar bei den unteren Schichten an, da Hitler sie eher gezielt für die Wiederaufrüstung als für eine Anhebung des Lebensstandards einsetzte. Dennoch konnte Hitler sich beides auf die Fahnen schreiben: Arbeit und Brot.

Die Bilder auf den kommenden Seiten zeigen nicht die bekannten großen politischen Ereignisse, sondern vielmehr den Alltag im Dritten Reich. Man sieht badende Kinder statt prügelnder SS-Männer oder Karneval feiernde Dorfbewohner statt den Ansprachen des Führers beiwohnender Massen. Das „normale Leben" mit seinen Höhe- und Tiefpunkten ging für die breite Mehrheit der Bevölkerung auch im Dritten Reich weiter – zumindest bis zum Beginn des Zweiten Weltkrieges im September 1939. Und dennoch sieht man auch auf diesen Bildern, wie sehr die Diktatur sich in den Alltag eingeschlichen hatte. Visuell war sie stets durch Parolen, Hitlerbilder und Hakenkreuzflaggen präsent, was deutlich aus den in diesem Band abgebildeten Fotos hervorgeht.

Was bei dieser Darstellung des Alltags nicht in Vergessenheit geraten darf, ist das Ziel der Nazis, alle Andersdenkenden und ihr Gedankengut zu eliminieren. Die Nacht der Bücherverbrennung brachte das bereits am 10. Mai 1933 symbolisch zum Ausdruck. Auch die Pressefreiheit wurde abgeschafft und alle Medien in den Dienst der NSDAP gestellt. Verhaftet und verfolgt wurde man aber nicht nur für oppositionelles Gedankengut, Aktionen im Widerstand oder eine bestimmte Lebensführung als Homosexueller oder Zeuge Jehovas. Millionen Menschen wurden nur ihrer Herkunft wegen oder weil sie behindert waren verfolgt und ermordet.

Besonders die Juden hatten unter den Nazis zu leiden. Der programmatische Antisemitismus der Nazis schlug sich 1935 in den Nürnberger Rassegesetzen nieder, die beispielsweise eine Heirat zwischen Juden und Nichtjuden verboten. Die Hetze gegen Juden und deren öffentliche Demütigung kulminierte am 9. November 1938 in der von den Nazis inszenierten Reichspogromnacht, in der zahlreiche jüdische Geschäfte und Synagogen mutwillig zerstört und mehr als hundert jüdische Mitbürger grausam ermordet wurden. In den Jahren nach dieser Aktion wurden Hunderttausende von Menschen, die nicht emigriert waren, in Gettos und Lager deportiert. 1941 stand das Ziel dann endgültig und eindeutig fest: die physische Vernichtung des europäischen Judentums. Die organisatorischen Grundlagen für diese so genannte „Endlösung" wurden dann auf der Wannseekonferenz im Januar 1942 gelegt.

Nur wenige Bilder in diesem Buch zeugen vom Widerstand und den grausamen Auswüchsen der Judenverfolgung, denn beides gehörte für die Mehrheit der Deutschen nicht zum sichtbaren Alltag im Dritten Reich. Die Nazis achteten darauf, dass zwar alle wussten, was mit denen passierte, die sich - gewollt oder ungewollt - außerhalb der „Volksgemeinschaft" bewegten, aber sie richteten es so ein, dass man die Konsequenzen nicht direkt sah, wenn man es nicht wollte, damit so wenigstens der Eindruck des Rechtsstaates gewahrt werden konnte. Dennoch - wenn man aufmerksam war, konnte man die Spuren des Terrors im Alltag, und daher auch in den Bildern dieses Buches, sehen: Ruinen der nach der „Reichskristallnacht" zerstörten Synagogen und Gebetshäuser, zerbrochene Scheiben jüdischer Geschäfte, plakative Aufrufe gegen Juden oder Szenen von Deportationen.

Die Folgen dieser Politik der Gewalt - Krieg, Niederlage, Zerstörung und Millionen Tote in ganz Europa - sind weiterhin unvergessen. Kriegsbilder mit Soldaten und Bomben abwerfenden Flugzeugen sind in diesem Buch enthalten, denn sie wurden in den 40er-Jahren zu einem schrecklichen Teil des Alltags im Dritten Reich. Es sind diese wie andere bekannte, von dem Grauen in den Konzentrationslagern zeugende Bilder, die uns warnen, was passiert, wenn man unachtsam ist, und Menschen, die einen Rechtsstaat mit Füßen treten wollen, an die Macht gelangen lässt.

Reinböllen im Hunsrück: Aufmarsch von NSDAP-Parteiformationen. Die genaue Abgrenzung der Uniformen fällt hier besonders ins Auge.

Die NSDAP im öffentlichen Leben

Spätestens mit dem „Gesetz zur Sicherung der Einheit von Staat und Partei" vom 1. Dezember 1933 sollte kein Gegensatz zwischen NSDAP und öffentlichem Leben in Deutschland mehr bestehen. Die führende Rolle der NSDAP sollte ferner die Unzertrennlichkeit von Partei und Exekutive garantieren. Wie so oft im Dritten Reich sah der Alltag allerdings anders aus.

Während der gesamten zwölf Jahre der Nazi-Herrschaft waren Konflikte zwischen den Gauleitern der Partei und dem Verwaltungsapparat an der Tagesordnung. Die Partei hatte, besonders nach der Ausschaltung der SA 1934, zunehmend eine nur noch zeremonielle und agitierende Funktion.

Das Regime verlangte in den immer wiederkehrenden Volksumfragen ständige Bestätigung durch die Bevölkerung. Bei der Mobilisierung und Einschüchterung der Wähler spielten die NS-Formationen die Hauptrolle. Wichtige Repräsentanten der Partei zeigten sich regelmäßig einer breiten Öffentlichkeit und hielten motivierende Reden vor Kulissen von Hakenkreuzen, Flaggen und Parolen. Diese Spektakel erreichten ihren jährlichen Höhepunkt auf den Reichsparteitagen in Nürnberg – sorgfältig inszenierten Explosionen von Farben, marschierenden Parteigliederungen, mystischem Nationalismus und Führerbekenntnissen. Hinter den Kulissen war jedoch die Realität meist roh und gewalttätig.

Die Propaganda kehrte indessen unermüdlich die positiven Bezüge zum Regime hervor: Hitler, der im September 1933 den ersten Spatenstich auf der Autobahn von Hamburg nach Basel setzte, Amtspersonen, die „arische" Mütter einer außergewöhnlichen Anzahl von Kindern mit dem „Mutterkreuz" auszeichneten, sogar Kampagnen für die gute Behandlung von Tieren wurden für Propagandazwecke öffentlich hervorgehoben.

Doch zeitgleich wurden die angeblichen Feinde des Reiches und die „schädlichen Elemente für das deutsche Volk" in den von der SS geleiteten Konzentrationslagern gefoltert und ermordet.

Im August 1934 wird die deutsche Beamtenschaft auf Adolf Hitler vereidigt – wie hier in Worms. Nach dem Tod Hindenburgs übernimmt Hitler am 19. August, ganz einfach als „der Führer" angeredet, vollends die Herrschaft über das Reich. Der „Führereid" dient als Loyalitätsbekundung.

oben:

Ein Parteifunktionär hält am 13. Mai 1934 eine „mitreißende“ Rede auf dem Gocher Marktplatz. Die martialische Gestik des Redners erinnert an die Gestik Adolf Hitlers.

unten:

NSDAP-Plakate um den Neptunbrunnen in Kaufbeuren im Februar/März 1933.

oben:

Die Teilnahme am Reichsparteitag gilt vielen als besondere Auszeichnung. Auf dem Weg zum Reichsparteitag nach Nürnberg 1937.

unten:

Die NSDAP-Kriegsabschnittstagung des Kreises St. Pölten im August 1938. Die Nazis betrachteten Frauen als wichtige Garanten für eine siegreiche Heimatfont im nächsten Krieg.

oben:

Auf dem Wormser Marktplatz findet am 1. Mai 1933 ein großer Aufmarsch statt. Hitler erhebt den 1. Mai zum „nationalen Feiertag". Am darauffolgenden Tag werden die Gewerkschaften zerschlagen.

unten:

Die Hamelner Wehrmachtsvorführung „Das Bückedorf brennt" lässt 1937 nichts vom eigentlichen Sinn des Erntedankfestes spüren. Theaterstücke, Auftritte von Komikerkapellen und KdF-„Volksbelustigungen" werden als Beiprogramm geboten.

oben:

Die „Reichsfrauenführerin" Gertrud Scholtz-Klink, die aus dem badischen Adelsheim stammt, besucht 1939 die Stadt Lahr am Oberrhein. Man ist sichtlich stolz auf die berühmte Landsmännin.

unten:

Gespannt erwartet in Leoben eine kaum zurückzuhaltende Menschenmenge 1938 die Ankunft der neuen Machthaber.

Kinder für den Führer: Im Nibelungensaal des Cornelianums von Worms wird im Mai 1940 das im Jahre 1938 von Hitler gestiftete „Ehrenkreuz der deutschen Mutter" verliehen. Ab vier lebend geborenen Kindern erhielten Frauen das bronzene Mutterkreuz, ab sechs Kindern das silberne und ab acht Kindern das goldene – vorausgesetzt, an ihrer „arischen Abstammung" und ihrer „Anständigkeit" bestand kein Zweifel. An ältere Mütter wurde der Orden nachträglich verliehen.

oben:

Die Deutsche Arbeitsfront (DAF), größte NS-Massenorganisation, in der auch in Worms die „schaffenden Deutschen" zusammengefasst sind, führt um 1935 eine Kundgebung durch.

unten:

Auf dem Wormser Kreistag der NSDAP, 1939. Der Redner Hans Hinkel, Mitbegründer der Wormser NSDAP, ist seit 1933 Geschäftsführer der Reichskulturkammer.

Propagandaminister Goebbels hält am 19. Juni 1937 vor ausgesuchten Hörern im Wasserschweißwerk von Worms eine Rede. Goebbels ist unter den Nazis einer der beliebtesten Redner und einer der wenigen, die später auch während des Krieges noch bereit sind, öffentlich zu sprechen.

oben:
Nach der De-facto-Annexion Österreichs wird im April 1938 mit großem Propagandaaufwand für das „Ja" bei der „Befragung des Volkes durch den Führer" geworben, so auch in Worms.

unten:
Zum „Anschluss Österreichs" im März 1938 gibt es im ganzen Land große Kundgebungen, wie hier in Duisburg vor dem Theater. Ähnliche Kundgebungen finden auch zum „Anschluss" des Sudetenlandes im September statt.

Einmarsch der deutschen SS-Truppen in Steyr, 1938.

oben:
In vielen Orten des Reiches werden ab 1933 wichtige Straßen nach nationalsozialistischen Persönlichkeiten benannt, so auch in Vaihingen bei Stuttgart.

unten:
Eine SA-Formation marschiert in strammer Ordnung durch Graz, um 1940.

oben:

Auch in Worms erreichte man 1938 nach hastiger Improvisation bei der „Abstimmung" zum Anschluss Österreichs 99 Prozent Ja-Stimmen. Hier der Sitz der Kreisleitung der NSDAP mit entsprechender Wahlpropaganda.

Mitte:

Die Alzeyer Verwaltungs- und Parteispitze, 1934.

unten:

Bürgermeister Heller und Ortsgruppenleiter Junginger begrüßen in Vaihingen den Kommandeur der lokalen Garnison. Ein Mädchen überreicht Blumen.

Gehorsam, Disziplin und Nationalstolz sollen die Jungen in der Hitler-Jugend (HJ) ebenso wie das gewohnheitsmäßige Tragen einer Uniform zu willigen NS-Soldaten machen. Der Drill beginnt schon in der Kindheit, wie bei diesem Hitlerjungen aus Arpke bei Lehrte, 1938. Zusammen mit ihrer Unterorganisation, dem Bund Deutscher Mädel (BDM), ist die Hitler-Jugend die einzige legale Jugendorganisation im Dritten Reich. Ab 1939 ist die Mitgliedschaft Pflicht.

Schule und Jugend

Für die meisten jungen Deutschen unterschied sich die Kindheit in den 20er-Jahren nicht wesentlich von der Kindheit ein Jahrzehnt später. Kinder gingen zur Schule, passten dort mehr oder weniger gut auf und spielten danach mit Freunden. Dennoch hatte sich allein im schulischen Alltag einiges geändert. Schon im April 1933 wurde das Gesetz zur Wiederherstellung des Berufsbeamtentums verabschiedet, welches jüdischen und linksorientierten Lehrern das Unterrichten verbot. Die Lehrpläne einzelner Unterrichtsfächer wie Biologie oder Geschichte wurden auf die nationalsozialistische Ideologie eingestellt, indem sie beispielsweise die Rassenlehre beinhalteten. Auch wurden neue Rituale wie der Fahnenappell in den Schulalltag integriert.

Im außerschulischen Alltag war der politische Einfluss durch nationalsozialistische Jugendorganisationen ebenso stark. Für Jungen gab es die Hitlerjugend (HJ), für Mädchen eine Unterorganisation der HJ, den Bund Deutscher Mädel (BDM). Ab 1939 war die Mitgliedschaft in der HJ Pflicht. Zwar brachten die Organisationen auch Vorteile, denn Kinder ärmerer Familien konnten an kostenloser Freizeitgestaltung und Ferienlagern teilhaben, doch stand die gezielte Beeinflussung im Vordergrund. Der Nachwuchs sollte zu Gehorsam, Disziplin und Nationalstolz erzogen, früh an das Tragen einer Uniform gewöhnt und an den Führerkult herangeführt werden.

Beinahe unbewusst lernte man in den Jugendorganisationen auch die soziale und „rassische" Kategorisierung der Nazis kennen. Die unterschiedliche Freizeitgestaltung in BDM und HJ wies Mädchen den Weg zu Heim und Herd, Jungen aber zu Krieg und Eroberung. Die Mitgliedschaft in den Jugendorganisationen verdeutlichte auch, wer nicht Teil der Deutschen Volksgemeinschaft war: Jüdische Kinder und Jugendliche konnten ihnen nicht angehören. Später verschwanden diese jüdischen Kinder auch aus den Schulbänken und wurden in Gettos und Lager deportiert.

Mit dem Kriegsausbruch wurden Väter und ältere Brüder eingezogen, während die Kinder und Jugendlichen zu Hause unterstützende Arbeiten für die „Wehrkraft" leisteten. Als der Krieg in seine Endphase kam, wurden sie (zum Entsetzen vieler Väter an der Front) zum Volkssturm einberufen, um den nahenden Feind als Kanonenfutter des „Führers" aufzuhalten.

oben:
Auch die Jüngsten pflegen schon den Personenkult um Hitler. Ein Kindergarten an der Mosel feiert 1934 „Führers Geburtstag".

unten:
„Pimpfe" bei der Essensausgabe auf dem Krahenberg in Andernach. Unter dem Vorwand der Fürsorge drängt sich der NS-Staat in den Alltag der Kinder, um auf sie Einfluss zu nehmen und sie im nationalsozialistischen Sinne zu erziehen. Schon die 10- bis 14-Jährigen werden im Deutschen Jungvolk zusammengefasst.

Ab 1936 werden an der Westgrenze des Deutschen Reiches riesige Verteidigungsanlagen aus Bunkern, Gräben und Panzersperren geplant. Zwischen 1938 und 1940 entsteht dann dieser „Westwall". Hier sind Jungen einer HJ-Einheit aus Lahr zu sehen, die stolz am Bau des Westwalls arbeiten.

oben:

Rohstoffe sind schon 1939 knapp in Deutschland. Der Krieg verschlimmert die Lage. Die Hitlerjugend von Lahr muss 1942 Lumpen sammeln, um die „Wehrkraft" zu unterstützen.

unten:

Insektenbekämpfung ohne Gift: Schulkinder aus dem pfälzischen Schifferstadt werden als Arbeitskräfte in der Landwirtschaft eingesetzt. Sie sammeln im Sommer 1941 Kartoffelkäfer von den Feldern, um die Ernte zu retten.

oben:

Aus Spiel wird blutiger Ernst. Wenige Jahre nach dieser Aufnahme müssen diese Jungen aus Schifferstadt im Zweiten Weltkrieg richtige Waffen benutzen. Aufnahme Mitte der 30er-Jahre.

unten:

Die Hitler-Jugend wird auch für Propagandazwecke eingesetzt, wie hier in Goch 1933.

Hitlerjugend und Jungvolk sind 1937 Teilnehmer bei einer Maifeier auf der Festwiese am Rhein in Worms. Sie werden zu einem Teil der inszenierten Verherrlichung des NS-Regimes.

oben:

Jugendsportfest in den 30er-Jahren auf dem Simmerner Sportplatz. Am Tisch die lokale „HJ-Prominenz".

unten:

Im Oktober 1942 nehmen diese Jungen einer siebten Klasse aus dem osthessischen Schlüchtern an einer vormilitärischen Ausbildung im Wehrmachtslager Reichelsheim im Odenwald teil.

oben:

Die weibliche Jugend ist im „Bund Deutscher Mädel" (BDM) organisiert. Hier eine Gruppe des BDM am Wolfer Klosterberg an der Mosel, 1936.

unten:

Ein Aufmarsch des BDM in Lingen, 1938. Die Mitgliedschaft ist nun nicht mehr freiwillig; ebenso können sich unverheiratete Mädchen nicht dem zum Reichsarbeitsdienst analogen „Pflichtjahr" entziehen.

oben:
Im April 1933 sitzen jüdische Kinder in den Schulen noch Seite an Seite mit deutschen Kindern, wie dieses Foto eines jüdischen Mädchens am Lyzeum in Gladbeck zeigt. Schnell änderten sich die Zeiten.

unten:
Eine erste Klasse aus Mutterstadt in der Pfalz, 1936. Diese Kinder werden bis 1945 nationalsozialistisch geprägten Lehrstoff in Unterrichtsfächern wie Rassenkunde und Vaterlandskunde kennenlernen.

oben:

Die Marine-Hitlerjugend lässt am Rhein bei Andernach das Modell eines Schlachtschiffes zu Wasser.

unten:

Kinder spielen Krieg, so wie es ihnen im Nationalsozialismus beigebracht wird. Hier salutiert ein Wormser Junge vor einer selbst gebastelten Kanone, 1938.

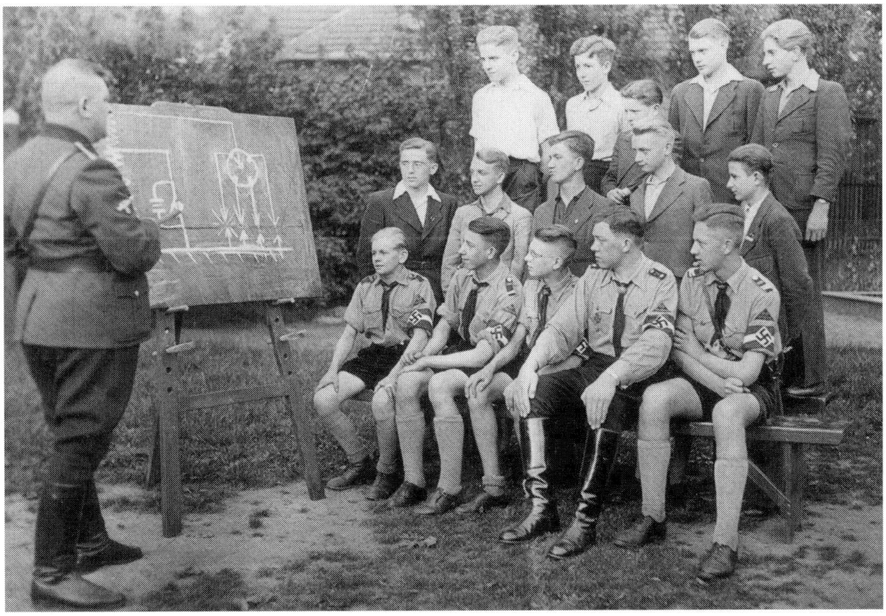

oben:

Ca. 5.000 Jungen und Mädchen aus dem Ruhrgebiet kommen 1933 ins Sommerlager im niederrheinischen Sevelen (Issum). Trotz paramilitärischer Übungen und Ideologie für viele ein toller Urlaub.

unten:

Schon vor dem Krieg, hier 1938, wird Gladbecks Motor-Hitlerjugend mit militärischen Manövern vertraut gemacht, um sie auf den Krieg vorzubereiten.

oben:

Zwei achte Klassen aus Schifferstadt in der Pfalz mit ihrem Lehrer, März 1943.

unten:

Die Ideologie des Nationalsozialismus, in vier Worten zusammengefasst. Hinterfragt werden dürfen diese Parolen nicht.

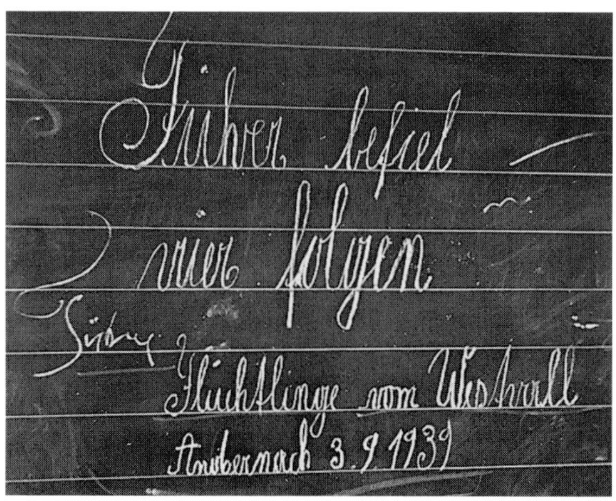

oben:
„Rassenkundlicher Unterricht", basierend auf einer zweckdienlich verzerrten Anwendung der Mendelschen Vererbungslehre, spielt in der NS-Zeit, wie hier an einer Wormser Schule um 1934, eine verhängnisvolle Rolle.

unten:
Politik und Ideologie haben längst in die Schulen Einzug gehalten. Auch an der Hauptschule im österreichischen Neulengbach ist 1939 die zur Schau gestellte nationalsozialistische Symbolik nicht zu übersehen.

oben:

Vor allem zu Beginn des Dritten Reiches gibt es noch viele „normale" Alltagsszenen ohne Uniformen und Hakenkreuze im Leben der Jugendlichen. Hier eine ausgelassene Badeszene im „Hindenburg-Bad" in Simmern im Hunsrück, Sommer 1933.

unten:

Das Strandbad Pappelsee in Kamp-Lintfort nahm am 5. Juli 1935 den Betrieb auf. Angehörige der HJ und des BDM zahlen den Preis für Kinder unter 14 Jahren: 10 Pfennige.

oben:

Jüdische Jungen im Hof des Anwesens Friedenstraße 8 in Mutterstadt, vor 1938. Elf der Kinder haben den Holocaust überlebt.

unten:

Vor dem Sophienhaus in Worms spielen Kinder „Klicker“ mit Murmeln, 30er-Jahre.

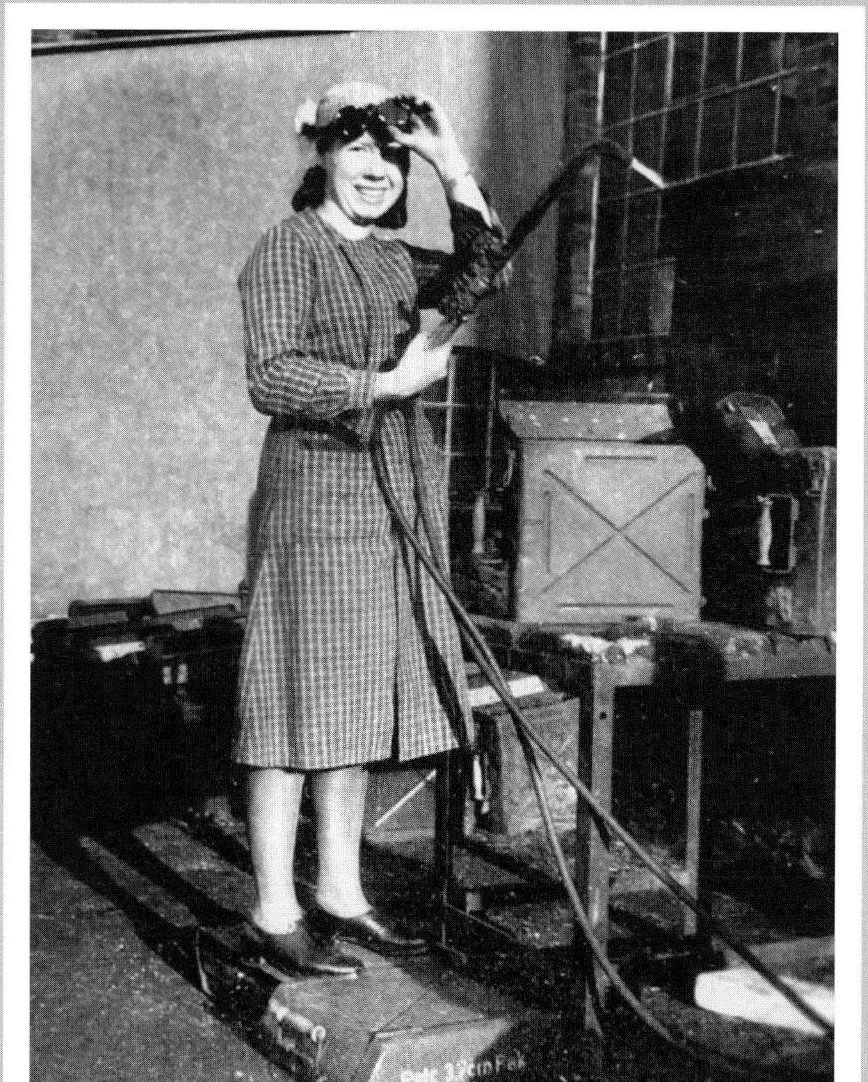

In Kriegszeiten verrichten viele Frauen Männerarbeit. Diese Frau schweißt im Jahre 1943 Munitionskisten in einer ehemaligen Hühnerfutterfabrik im niedersächsischen Lehrte zusammen. Diese Szene entspricht eigentlich nicht dem NS-Ideal, welches die Frau als Hüterin des Heimes und Gebärmaschine vorsieht.

Arbeit und Freizeit

Mit der Machtergreifung Hitlers hatte sich die Arbeitswelt verändert, und dies nicht nur aufgrund der vorhandenen Arbeitsplätze, sondern vor allem wegen der neuen Kontrollmechanismen über das Arbeitsumfeld des Einzelnen.

Bereits am 2. Mai 1933 wurden die Gewerkschaften gleichgeschaltet und das Streikrecht abgeschafft. Die neu gegründete Deutsche Arbeitsfront (DAF) sollte die Kontrolle über Arbeitsprozesse in den Händen der Partei bündeln. Ebenso unverzüglich wurde das Bekenntnis zum Führer – sei es durch Anbringen des Hitlerbildes, den Hitlergruß oder den Führereid – fester Bestandteil des Arbeitsalltags. Nicht zuletzt griff die so genannte „Arisierung“ in die Arbeitswelt ein, denn sie grenzte Juden aus und bedrohte ihre Existenz.

Deutlich verwandelte auch der Krieg die Arbeitswelt, da einsatzfähige Männer zur Wehrmacht einberufen wurden. Durch den entstandenen Arbeitskräftemangel setzte sich die steigende Frauenerwerbstätigkeit der 30er-Jahre zwar fort, aber da die nationalsozialistische Weltanschauung die Frau zum Gebären und Betreuen des Nachwuchses in das Heim verbannte, wurden nur unverheiratete Frauen dienstverpflichtet und kamen auch dann nicht für alle Arbeiten in Frage. Zur Behebung des Arbeitskräftemangels bediente sich die Industrie daher zunehmend der Ausbeutung von Zwangsarbeitern.

Die DAF betreute (und überwachte) nicht nur den arbeitenden Deutschen, sondern auch dessen Freizeitgestaltung. Unter den Nationalsozialisten war der Urlaubsanspruch der Arbeiter und Angestellten nahezu verdoppelt worden, was den Bedarf an Urlaubsreisen steigerte. Um diesen zu decken, bot die der DAF zugeordnete „Kraft durch Freude“-Bewegung (KdF) Kreuzfahrten und Urlaube in Ferienlagern an. Diese populistische Maßnahme sollte vormals kommunistisch oder sozialdemokratisch gesinnte Arbeiter vollends zum Nationalsozialismus bekehren.

Auch für den Alltag sahen die Nazis ein Freizeitangebot vor, bestehend aus sportlicher Betätigung, erholenden Aktivitäten und kulturellen Erlebnissen. Vereine, die sich nicht gleichschalten ließen und sich damit der Ideologie verweigerten, wurden jedoch verboten.

oben:

Arbeiter in der Tongrube Alterkülz im Hunsrück bei einer Pause. Der Ton wird nach Lahnstein geliefert und dort zu Schamottsteinen verarbeitet.

unten:

Mutterstadt im Winter 1939/40. Noch lässt sich der Schnee leicht mit Pferd und Wagen beseitigen, doch in wenigen Jahren werden lange und harte Winter aufgrund des andauernden Krieges zu einer großen Strapaze für die Menschen.

oben:

1939 bei der Kartoffelernte in Grombach bei Bad Rappenau.

unten:

Mit NS-Wimpeln durch das Mindeltal: Aus der Säge von Gernstall (heute Ortsteil von Mindelheim in Mittelschwaben) wird Holz für den Bau eines Stadels geflößt.

oben:
Das Personal im Kaufhaus Tietz, 1934 in Frankenthal. Wie andere jüdische Namen im Stadtbild verschwindet auch „Tietz" an der Außenfront des Geschäftes. Nach der „Arisierung" 1938 gehört das Haus zur Kaufhof-Kette.

unten:
Das jüdische Kaufhaus von Louis Landauer in Pirmasens Anfang der 30er-Jahre. Nach der „Arisierung" wurde das Geschäft als „deutsches Kaufhaus" von Söckler & Co. 1936 wiedereröffnet.

An einem Optikergeschäft in Worms wird 1938 die antisemitische Parole „Deutsches Geschäft" angebracht. Seit dem Boykott jüdischer Geschäfte am 1. April 1933 und anderen Maßnahmen zur Ausgrenzung und Diskriminierung von Juden ist dies ein weiteres Mittel im Kampf gegen jüdische Geschäftsleute. Beim Pogrom am 9. November 1938 werden die letzten noch bestehenden jüdischen Geschäfte zerstört.

Die Setzerei des Verlages Schauenburg in Lahr, der die „Lahrer Zeitung" herausbringt, im Jahr 1942. In der NS-Zeit wird die Pressefreiheit abgeschafft. Alle Medien – auch die Zeitungen – stehen im Dienst der Nationalsozialisten. Eine freie Berichterstattung gibt es unter Goebbels' strenger Propagandamaschine nicht.

oben:

Fast unauffällig hängt das „Führerbild" in einem Schreibwarenladen in Kamp-Lintfort am Niederrhein. Das Regime ist immer präsent und hält so Einzug in das „Deutsche Familienalbum".

unten:

Beim Deutschen Turnfest 1933 in Esslingen war auch die Fischbrunnen-Apotheke beflaggt.

Auch den Fastnachtsumzug in Alzey 1936 instrumentalisieren die Nazis für ihre antisemitische Propaganda. Ein wutschnaubender Stier mit der Europa auf dem Rücken nimmt das rote Tuch eines kriegslüsternen, amerikanischen Juden ins Visier. Um Kontinuität zu suggerieren, werden Feste mit langjähriger Tradition und die nationalsozialistische Weltanschauung miteinander verzahnt.

oben:

Fastnachtszug 1936:
Auf dem Rossmarkt von Alzey freut man sich auf das närrische Treiben.

unten:

Die pfälzischen Juden spielten eine bedeutende Rolle im Weinhandel. Nach 1933 beginnt die Diskriminierung bis zur vollständigen Verdrängung vom Markt. Ein Fastnachtumzug von 1935 dokumentiert, wie bereitwillig die örtliche Bevölkerung hier mitmacht.

oben:
Für den Bau der Autobahn bei Vaihingen schlug man eine große Schneise in den Wald und bewegte riesige Mengen Erdreich.

unten:
Mit einem einfachen Hilfskran müssen die Arbeiter die schweren Eisenprofile einer Brücke in ihre endgültige Position bringen.

Mit der Planung von Autobahnen war in Deutschland bereits vor 1933 begonnen worden, die erste Autobahn wird 1932 eröffnet. Die Nazis entdecken den Autobahnbau dann bald als Arbeitsbeschaffungsmaßnahme, und Hitler sieht in ihm Vorteile für die ihm vorschwebenden Truppenmanöver nach Kriegsausbruch. Das Verkehrsaufkommen ist in den 30er-Jahren allerdings sehr gering, wie hier auf einem neu fertiggestellten Teilstück bei Vaihingen.

oben:

Im Verlauf des Krieges werden zwar hauptsächlich Zwangsarbeiter, aber auch immer mehr unverheiratete Frauen in der industriellen Produktion eingesetzt. Auf diesem Foto der Belegschaft der Tuchfabrik Lauer im saarländischen Wadern von 1942 sieht man nur noch sieben Männer.

unten:

Frauen und Mädchen sollen lernen, wo ihr eigentlicher Platz im Leben im Dritten Reich ist – 1936 in Senden bei Ulm beispielsweise beim Kochkurs in der Turnhalle.

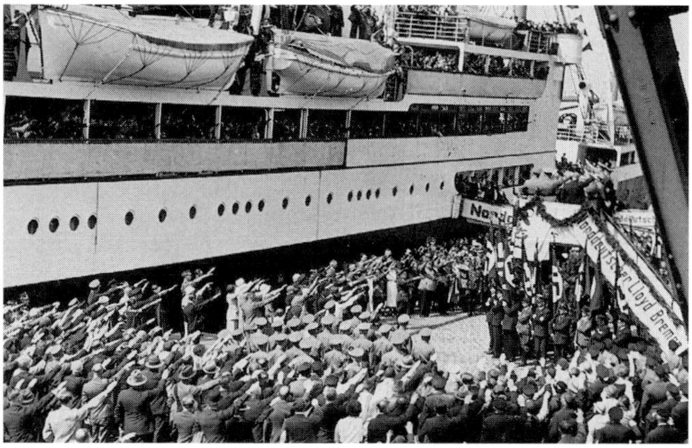

oben:

Kollektive Verabschiedung des „Kraft-durch-Freude“-Dampfers DRESDEN 1934 in Bremen.

unten:

KdF-Urlauber in Schramberg im Schwarzwald. Während der Sommermonate, wie hier 1935, treffen alle zwei Wochen überfüllte KdF-Züge ein.

oben:

Auf dem von Hakenkreuzen gesäumten Werkgelände der Schuhfabrik Welter & Brück im pfälzischen Pirmasens findet nach 1933 ein Tischtennisturnier statt.

unten:

Auch Frauen, wie hier in Worms, sollen durch sportliche Betätigung Teil der „gesunden Volksgemeinschaft“ werden.

Ein Ausflug der Mitarbeiter der Gladbecker Stadtkasse in der zweiten Hälfte der 30er-Jahre. Am Revers einiger Herren, aber nicht bei allen, funkelt ein Abzeichen, wahrscheinlich das „Bonbon“, Parteiabzeichen der NSDAP.

oben:

Beim Rettichfest in den 30er-Jahren in Schifferstadt.

Mitte:

Scheinbar unberührte Privatsphäre im eigenen Heim in Leipzig, 1935.

unten:

Sommer 1939 in Leipzig: Familienausflug im „Adler Trumpf Junior". Durch die steigende Motorisierung können immer mehr Ausflugsziele mit der Familie besucht werden.

Abends in der guten Stube, Leipzig 1935: Hier ist die Welt in Ordnung.

Viele Trauungen im Krieg bringen nur kurzes Glück. Am 30. August 1944 wird dieses Paar im südhessischen Lampertheim getraut. Bei den Kämpfen um Aachen wird der Bräutigam schwer verletzt und stirbt am 10. Oktober desselben Jahres.

Leben in Stadt und Land

Auf dem Land war es noch deutlicher zu spüren als in der Stadt: In vieler Hinsicht ging das Leben auch nach der Machtergreifung der Nazis seinen gewohnten Gang. Hochzeiten, Kindstaufen oder das Leben im Verein waren die persönlichen Höhepunkte, deretwegen viele Menschen die 30er-Jahre mit positiven Erinnerungen verbinden. Diese persönlichen Höhepunkte wurden – im Unterschied zu den 20er-Jahren – von einem wirtschaftlichen Aufschwung begleitet, der wieder an eine stabile Idylle glauben ließ.

In den gewohnten Gang eingebettet war vor allem das kirchliche Leben (insbesondere auf dem Land, wo die Kirche traditionell einen stärkeren Einfluss hatte) mit dem sonntäglichen Kirchengang und dem jährlichen Festkalender. Obwohl Hitler betonte, dass er die Rechte der Kirchen nicht antasten würde, versuchten die Nationalsozialisten, den klerikalen Einfluss einzudämmen. Durch die Umstellung des Schulunterrichts und die Popularisierung der staatlichen Jugendorganisationen sollte die kirchliche Einflussnahme auf die Jugend zurückgedrängt werden. Man konnte aber auch eine schleichende Militarisierung kirchlicher Feierlichkeiten wie Hochzeiten oder Beerdigungen beobachten.

Die Kirchen ihrerseits arrangierten sich mit dem Staat und positionierten sich nur in den wenigsten Fällen öffentlich gegen das Regime. Es gab Kreise des Widerstandes – zu nennen ist hier die evangelische Bekennende Kirche, die sich gegen die Gleichschaltungspolitik der Nazis stellte – doch trugen im Großen und Ganzen beide Kirchen das Dritte Reich an vielen Stellen mit. Als Gegenleistung begegnete ihnen der Staat distanziert, aber tolerierte sie.

Ein Bereich, der jedoch in jeder Hinsicht den gewohnten Gang unterbrach, war die Judenverfolgung. Die öffentliche Diskriminierung und Demütigung jüdischer Mitbürger oder derjenigen, die gegen die Nürnberger Rassegesetze verstießen, waren deutlich sichtbar, vor allem in den Städten. Auch die Folgen der „Reichskristallnacht" vom 9. November 1938 – die zerstörten Geschäfte und niedergebrannten Synagogen – konnten in den Städten von niemandem übersehen werden.

oben:

Am 20. Juli 1933 wird der Hitlergruß für Beamte, Angestellte und Arbeiter im öffentlichen Dienst während der Dienstzeit und in öffentlichen Gebäuden verpflichtend. Bald ist seine Verwendung alltäglich und allgegenwärtig, so auch bei dieser Hochzeit in Goch.

unten:

Mit diesem absichtlich kleinen Hakenkreuzwimpel zu nationalsozialistischen Festen und Umzügen erzürnte der ortsansässige Pfarrer immer wieder die lokale Parteiführung von Oestrich-Winkel.

oben:
Erstkommunion in Mutterstadt, 1935.

unten:
Erstkommunion und Abholung der Primizianten in Schifferstadt, 1935.
Diese beiden Bilder kennzeichnen die Kontinuitäten vor und nach 1933: Kirchliche Traditionen und Feierlichkeiten verändern sich in ihren Grundzügen kaum, vor allem auf dem Land nicht.

oben:

Richtfest der katholischen Kirche von Mutterstadt am 20. August 1935.

unten:

Die 1926 an der Schuhfachschule in Pirmasens gegründete Verbindung „Fidelitas" begleitet 1933 die Beerdigung eines Bundesbruders mit einer Fahnenabordnung.

Im Stadtpark von Vaihingen findet am 1. Oktober 1933 unter großer Beteiligung der Bevölkerung ein evangelischer Festgottesdienst statt. Überall im Deutschen Reich formiert sich innerhalb der evangelischen Kirche ab 1934 die Bekennende Kirche als Gegenpart zu den staatstreuen Deutschen Christen.

oben:
Junge Turner aus Kamp-Lintfort beim Kreisturnfest, 1935.

unten:
Fahnenschwingende Turnerinnen im großen Umzug beim Gauturnfest 1933 in Obernkirchen (Landkreis Schaumburg).

oben:

Nach Einführung der Wehrpflicht im Jahr 1933 und mit Kriegsbeginn 1939 wird es für die Sportvereinigung Ansbach 09 immer schwerer, eine starke und eingespielte Mannschaft zu stellen. Die Anzahl der uniformierten Zuschauer nimmt dafür drastisch zu.

unten:

Die Meistermannschaft der FG 08 (Fußballgesellschaft 1908) aus Mutterstadt 1934/35.

Im Dezember 1935 findet der gemeinsame Suppenverzehr am „Eintopfsonntag" in Worms statt. An jedem ersten Sonntag des Monats sollte in den Familien nur billig zuzubereitender Eintopf gegessen und das so gesparte Geld dem Winterhilfswerk des Deutschen Volkes gespendet werden, das seit seiner Gründung 1933 Bedürftige unterstützte. Zu Propagandazwecken ließ sich auch Hitler selbst öffentlich beim Eintopfessen fotografieren.

oben:

Propaganda für den „Eintopfsonntag" gibt es auch in Schramberg im Schwarzwald, 1935.

unten:

Sammlung für das Winterhilfswerk in Kronach.

Schleppende Modernisierung: 1937 muss während der Erntezeit noch jeder zufassen, denn das geerntete Getreide wird, wie bei dieser Suhler Familie zu sehen ist, noch mit der Handdreschmaschine gedroschen.

oben:
Leben auf dem Lande im Hunsrück um 1936: Mistfahren mit dem Doppelgespann.

unten:
Ein Blick auf die Schmiede in Horn im Hunsrück, 1938.

oben:

Neugierige, unter ihnen Angehörige einer SA-Standarte, schauen sich 1935 in Worms den Aushängekasten des „Stürmers" an, einer antisemitischen Wochenzeitung, deren Verlag ab 1936 auch antisemitische Kinderbücher produziert.

unten:

Nicht alle Frankenthaler dürfen ins Strandbad am Siegfriedsbrunnen. Bereits im Sommer 1933, kurz nach Fertigstellung der Anlage, wird Juden der Zutritt verboten, Aufnahme 1936.

oben:

Im Weindorf Haardt, dem „Balkon der Pfalz", hängt, wie überall in dieser Zeit in Deutschland, das Schild „Juden unerwünscht!" Mit der darunterstehenden Drohung „Wer bei ihnen kauft, ist ein Verräter" soll die Dominanz jüdischer Weinbauern zu Gunsten ihrer deutschen Konkurrenten geschwächt werden.

unten:

Am 1. April 1933 organisieren die Nazis reichsweit eine Boykottaktion jüdischer Geschäfte. Vor dem Kaiserslauterner Warenhaus Schweriner hindern SA-Leute Kunden am Betreten des Geschäftes.

oben:

Am 11. November 1938 werden im pfälzischen Edenkoben alle jüdischen Bürger von SA und Polizei auf dem Marktplatz zusammengetrieben, in Bussen abtransportiert und auf einem Feld bei Knielingen ausgesetzt. Der NSDAP-Ortsgruppenleiter erklärt den Ort dann für „judenrein" und droht jedem Rückkehrer damit, ihn „umzulegen".

unten:

Am 22. Oktober 1940 werden über 6.000 Juden aus der Pfalz, Baden und dem Saarland mit der Bahn in das französiche Internierungslager Gurs deportiert. Es ist reichsweit die erste Massendeportation von Juden. An der Mayschule in Ludwigshafen richtet die Polizei eine Sammelstelle ein.

Am 23. März 1933 wird der jüdische Gemeindevorsteher Beirisch zusammen mit zwei anderen Juden in einem spektakulären „Judenumzug" von 30 SS-Leuten durch Duisburg getrieben. Man hatte ihnen die Bärte abgeschnitten und Deutschlandfahnen umgehängt. Eine tausendköpfige Menge erwartete sie am Theater. Noch im Mai wandert Beirisch in die Schweiz aus.

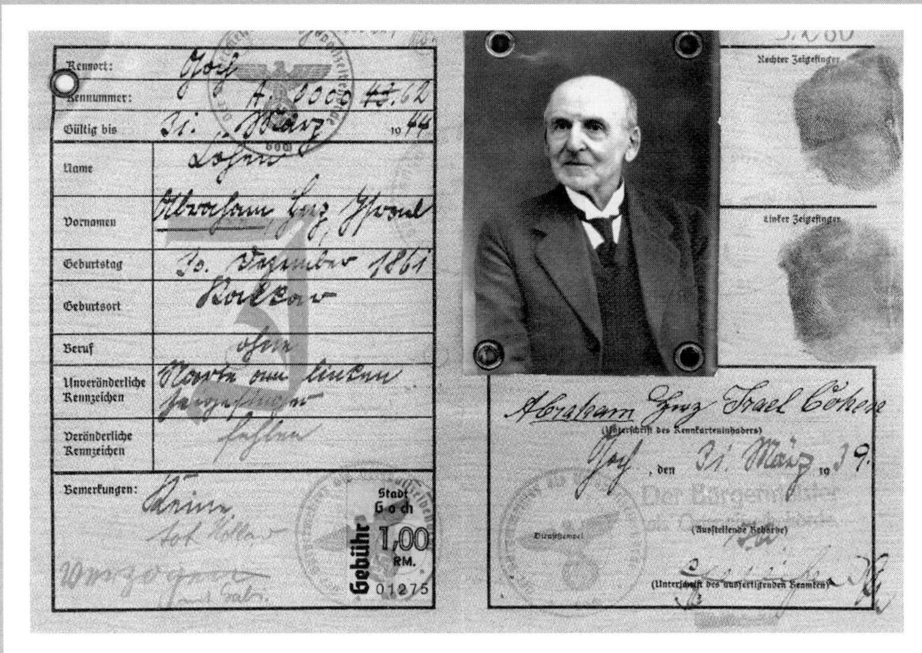

Kennort: Goch

Kennnummer:

Gültig bis 31. März 1944

Name

Vornamen

Geburtstag 30. Dezember 1861

Geburtsort

Beruf

Unveränderliche Kennzeichen

Veränderliche Kennzeichen

Bemerkungen:

Stadt Goch

Gebühr 1,00 RM.

01275

Rechter Zeigefinger

Linker Zeigefinger

(Unterschrift des Kennkarteninhabers)

Goch, den 31. März 1939

Der Bürgermeister

Dienststempel

(Ausstellende Behörde)

(Unterschrift des ausfertigenden Beamten)

oben:

Metzger Abraham Cohen aus Goch emigriert 1939 in die Niederlande, von wo aus er ins KZ Sobibor deportiert wird. Später erklärt man ihn für tot.

unten:

Die Familie eines jüdischen Vieh- und Gemüsehändlers aus Schifferstadt kurz vor der Emigration im Jahre 1938.

In der Pogromnacht vom 9. auf den 10. November 1938 werden fast alle Synagogen in Deutschland von den Nazis zerstört, so auch diese 1884 erbaute Synagoge in Pirmasens. Über 400 Menschen werden im Zusammenhang mit dieser „Reichskristallnacht" ermordet oder in den Tod getrieben, Tausende von Juden in Konzentrationslagern inhaftiert.

In Ruchheim bei Mutterstadt rücken um 14 Uhr am 9. November 1938 SA-Leute an, um die Synagoge in Brand zu stecken. Wegen der Brandgefahr für die Nachbargebäude wird das Bethaus nicht angezündet, sondern man zertrümmert mit Äxten die Inneneinrichtung. Die Schuljugend trägt die Gebetbücher auf den Hof, wo sie unter Hohn angezündet werden.

oben:

Die Synagoge mit Zeremonienhalle am jüdischen Friedhof in Graz wird in der Nacht vom 9. auf den 10. November 1938 in Brand gesetzt und vernichtet.

unten:

Auch die Mutterstädter Synagoge brennt in der „Reichskristallnacht" aus.

„Stahlhelmer" ziehen 1933 durch die Straßen von Greiz in Thüringen. Der „Stahlhelm", 1918 als Vereinigung von Frontsoldaten des Ersten Weltkrieges gegründet, ist die größte nationalistische, monarchistische und gegen die Weimarer Republik gerichtete paramilitärische Organisation. 1933 wird sie teilweise in die SA eingegliedert, 1935 die Restorganisation mit Mitgliedern über 35 Jahren aufgelöst.

Eine Gesellschaft in Uniform

Lange vor der Machtergreifung waren die unverwechselbaren paramilitärischen Organisationen der Nazis, die SA und SS, ins Leben gerufen worden. Die Träger dieser Uniformen stellten ein Bekenntnis zum Nationalsozialismus zur Schau, das zur Nachahmung ermuntern sollte.

Im März 1933 wurde die Wehrpflicht eingeführt, und ein massives Aufrüstungsprogramm kam in Gang. Diese Militarisierung sollte auch die Vertrautheit im Umgang mit kleinen Waffen, Fliegerabwehrkanonen und Gasmasken in der „Volksgemeinschaft" befördern. Besonderes Augenmerk richtete sich dabei auf die Jugend als Garant für das „Tausendjährige Reich".

Im Reichsarbeitsdienst (RAD), der im Juli 1934 ins Leben gerufen wurde, mussten junge Männer, Arbeitslose und Studenten für obligatorische sechs Monate in Lagern zivile und militärische Bauprojekte ausführen. Auch Frauen wurden mobilisiert: Anfangs waren es nur die jüngeren im Bund Deutscher Mädel (BDM), im Februar 1938 wurde dann mit dem Vierjahresplan für alle ledigen Frauen unter 25 ein Pflichtjahr in der Landwirtschaft eingeführt.

Es war allerdings die Wehrmacht, von zwanzig Millionen Deutschen durchlaufen, die bei der Wandlung der Deutschen in eine „Gesellschaft in Uniform" an der Spitze stand. Die außenpolitischen Erfolge im Rheinland, in Österreich und der Tschechoslowakei wurden von Szenen an jubelnden Massen vorbeimarschierender Soldaten und großen Militärparaden in ganz Deutschland begleitet. Bis 1940 erschien die Wehrmacht in einer Art Glorienschein. Immer stärker drang die militärische Symbolik auch in das private Leben ein: Ein Foto von männlichen Familienangehörigen in Uniform war für jede Familie ein teures Gut.

Letztendlich mussten aber sogar diejenigen, die keine Soldaten gewesen waren, einen hohen Preis für die uniformierte Gesellschaft zahlen. 1945 trieb die Rote Armee Männer in jeglicher Uniform - sogar Eisenbahnbedienstete und Feuerwehrmänner - zusammen und überführte sie in Zwangsarbeitslager in der Sowjetunion, wo sie - wie die Sowjets es offiziell begründeten - Reparationsleistungen für die Zerstörungen durch den deutschen Einmarsch im Jahre 1941 erbringen mussten.

oben:

Auch die Arbeit wird zunehmend militarisiert, wie hier bei einer Betriebsgemeinschaft aus Lahr in den 30er-Jahren.

unten:

Eine Wehrmachtseinheit kehrt von einer Übung nach Worms zurück, um 1938/39. Seit der Remilitarisierung des Rheinlands im März 1936 beherbergt Worms wieder eine große Garnision.

oben:

Die politische und militärische Führung des Reichgaues Steiermark und der „Stadt Volkserhebung" zieht 1938 durch die Herrengasse in Graz.

unten:

Adolf Hitler paradiert auf der Ringstraße in Wien, 1938.

oben:
Auch die Reitsportler sind von der allgemeinen Militarisierung nicht ausgenommen. Sie werden in der Reiter-SA organisiert, wie hier in Versmold.

unten:
Vor einem Gasthaus im thüringischen Suhl posieren junge Männer 1939 nach der ersten Musterung für ein Foto.

oben:

Aufgerichtete Waffen: Militär vor dem Lorchschen Haus am Schlossplatz in Schwetzingen, 1938. Im selben Jahr wurde das Haus während des Novemberpogroms überfallen. Der jüdische Eigentümer wurde gezwungen, das Haus zu veräußern.

unten:

Bei der Vereidigung eines Infanterie-Bataillons im November 1936 in Zwickau sind Ehrengäste und Angehörige anwesend. Auch der kirchliche Segen darf nicht fehlen.

Seit 1933 wird die Reichswehr massiv aufgerüstet, im März 1935 mit dem Gesetz über den Aufbau der Wehrmacht auch formal die Grundlage für die weitere Truppenverstärkung gelegt. Viele Einheiten der Polizei und des Grenzschutzes werden in die Wehrmacht übernommen. Im Oktober 1935 wird eine Abteilung der Sächsischen Landespolizei in Zwickau in ein Infanterie-Bataillon der Wehrmacht eingegliedert. Wer nicht zur Wehrmacht übertreten will, wird nach Plauen zur Landespolizei verlegt.

oben:

Scharfschießen im November 1936 bei Fraureuth in Sachsen.

Mitte:

Beim Tag der offenen Tür in der Kaserne von Neulengbach im Wienerwald dürfen 1942 die Kleinsten ein Maschinengewehr bedienen. Neulengbach ist seit 1939 Garnisonsstandort.

unten:

„Schießsport" in Versmold bei Gütersloh: In allen Bereichen versucht das System des Nationalsozialismus, die Gesellschaft auf Kriegskurs zu bringen. Bei der männlichen Jugend sind diese Bestrebungen besonders erfolgreich.

oben:

Eine Wormser SA-Standarte wird bei der Rückkehr vom Reichsparteitag der NSDAP in Nürnberg im September 1938 begeistert empfangen.

unten:

Die Brandstifter als Biedermänner: Die Frankenthaler SA-Kapelle vor dem Hotel Lang. Nur wenige Meter weiter um die Ecke im „Brauhauskeller" wurden 1933 politische Gegner des NS-Regimes brutal misshandelt.

oben:

„Landmädel" bei Lehrte, 1942.
Ab 1938 wird das Pflichtjahr in dieser Organisation für alle ledigen Frauen unter 25 eingeführt. Sie müssen Tätigkeiten im Haushalt, der Soldatenbetreuung, in der Erntehilfe, im Luftschutz oder im Nachrichtenwesen ausführen.

unten:

Auch für verheiratete Frauen ist gesorgt, damit sie ihre Rolle an Heim und Herd erfüllen können. Das Deutsche Frauenwerk in Duisburg hat allerlei Tipps und Ratschläge zu Fragen der Hauswirtschaft parat, auch im Hinblick auf etwaige Versorgungsmängel.

oben:

Bereits im Herbst 1933 beginnt der Reichsluftschutzbund, die Bevölkerung auf den Krieg vorzubereiten. Bei einer Werbeveranstaltung in Esslingen werden keine Kosten gescheut. Sogar einen Doppeldecker brachte man auf den Marktplatz.

unten:

In Pirmasens wird lange vor dem Krieg eine „Luftschutzschule" eingerichtet.

oben:
Mit einem Spaten bewaffnet steht ein „Arbeitsmann" des Reichsarbeitsdienstes (RAD) vor dem Haupteingang des RAD-Barackenlagers in Vaihingen Wache.

unten:
Der RAD wird häufig in der Landwirtschaft eingesetzt, wie hier bei Arbeiten in der Nähe eines Bauernhofes bei Bersenbrück (Landkreis Osnabrück), 1934.

oben:

SA-Appell auf dem Schützenplatz von Greiz, 1934.

unten:

Nach der Ausschaltung und teilweisen Ermordung der SA-Führung Anfang Juli 1934 war die SA allenfalls noch als Personalreservoir für andere Parteigliederungen von Bedeutung. Erst 1938 bei den Novemberpogromen trat die SA wieder mit besonderer Brutalität hervor. Wehrsportübung der SA im Stadion von Lehrte, um 1935.

Freiübungen mit der Gasmaske, wie hier 1937 in Andernach, sollen die Bevölkerung auf den Krieg vorbereiten.

Das demolierte Kruzifix der zerstörten Kreuzbergkirche in Schwandorf als Mahnbild.

Krieg und Zerstörung

Krieg war für den Nationalsozialismus so etwas wie ein Daseinszweck - ab 1939 war die Bewegung daher in ihrem Element. Anfangs feierte die Wehrmacht große militärische Erfolge, und Hitlers Popularität erreichte angesichts der Kapitulation Frankreichs im Juni 1940 ihren Höhepunkt. Auch mussten die Deutschen, im Gegensatz zu den Bevölkerungen der besetzten Gebiete, zunächst nur wenige Entbehrungen erdulden.

Ende 1942 begann sich die Stimmung aber zu drehen, als Gerüchte über die Einkesselung der 6. Armee in Stalingrad nach Hause durchdrangen. Nach den vernichtenden Niederlagen in Nord-Afrika und der UdSSR 1943 war die Situation dann strategisch aussichtslos. Hitler allerdings zog eine Kapitulation nie in Betracht.

Die deutschen Städte litten ständig unter den Bombenangriffen der US Air Force am Tage und der britischen Royal Air Force in der Nacht. In vielen Großstädten verbrachte man ebenso viel Zeit innerhalb wie außerhalb der Luftschutzbunker. In einer seltenen Geste des Mitgefühls evakuierte das Regime einige Kinder aufs Land. Viele der zurückbleibenden männlichen Jugendlichen dienten jedoch als „Flakhelfer" und kämpften so für das Regime bis zu seinem bitteren Ende.

Noch sehr viel schlimmer als für die Deutschen war die Lage für die Millionen Kriegsgefangenen und Zwangsarbeiter im „Reich". Schon 1940 wurden französische Kriegsgefangene in der Kriegsproduktion eingesetzt. Im Einklang mit der „Rassenlehre" der Nazis wurden sie jedoch vergleichsweise gut behandelt. Die so genannten „Untermenschen" - slawische Arbeiter aus den im Osten besetzten Gebieten sowie die Häftlinge der Konzentrationslager - wurden mit mörderischer Brutalität ausgebeutet. Am unteren Ende der „rassischen" Hierarchie der Nazis standen die Juden. Unter dem Deckmantel des Krieges führten die Nazis den Holocaust, also ihre Deportation und Ermordung, in Deutschland und Europa durch.

Der Krieg endete mit der bedingungslosen Kapitulation Deutschlands - für viele nach zwölf Jahren Indoktrination ein Horrorszenario. Im Westen beäugte man vorsichtig-neugierig die amerikanischen Soldaten und im Osten verbreiteten sich Berichte über die Brutalität der nach Vergeltung suchenden Sowjets. Flächendeckend bot sich ein Bild der Zerstörung.

Drei Glocken von St. Peter in Zülpich werden von Arbeitern für den Abtransport zum Einschmelzen verladen.

Zum zweiten Mal im 20. Jahrhundert werden 1942 die Glocken der Lahrer Kirchen abgeholt. Schon im Ersten Weltkrieg waren viele Glocken in Deutschland zu Granaten und Kanonenrohren eingeschmolzen worden.

Nach dem „Blitzsieg“ über Frankreich werden die zurückkehrenden „Elfer“ von der jubelnden Lahrer Bevölkerung empfangen.

oben:

Wehrmachtssoldaten aus Leipzig auf dem Weg an die Ostfront.

unten:

Ein junger Ritterkreuzträger aus Westerholt. Während des Krieges wurde das Ritterkreuz als höchste Stufe des Eisernen Kreuzes verliehen.

oben:

Erinnerungsfoto vor der Vaihinger Kaserne: Offiziere des Panzerregiments kurz vor dem Kriegseinsatz in Polen.

unten:

Die Panzer des Vaihinger Regiments werden auf Güterzüge verladen. Nach dem Überfall auf Polen nimmt das Regiment an der Besetzung Frankreichs teil.

Diese Zwickauer Infantristen sind im Juni 1940 auf dem Weg an die Westfront.

Vor dem Überfall auf die Niederlande, Belgien und Frankreich ziehen im Mai 1940 Infantrie-Einheiten durch Bergheim an der Erft. Die Bevölkerung reicht den durchziehenden Soldaten Verpflegung.

oben:

Durchmarsch einer berittenen Flakeinheit durch die Brückerheide bei Issum.

unten:

Schwestern der Nationalsozialistischen Volksfürsorge beteiligen sich an einer Verpflegungsaktion für durchziehende Wehrmachtssoldaten in Bergheim.

links:
Alzeyer Soldat auf Fonturlaub im Januar 1943.

rechts:
Wie überall in Deutschland hat man auch in Riedlingen viele gefallene Soldaten zu beklagen. Über drei Millionen deutsche Soldaten sind im Zweiten Weltkrieg ums Leben gekommen. Insgesamt dürften über 24 Millionen Soldaten und nochmals so viele Zivilisten getötet worden sein.

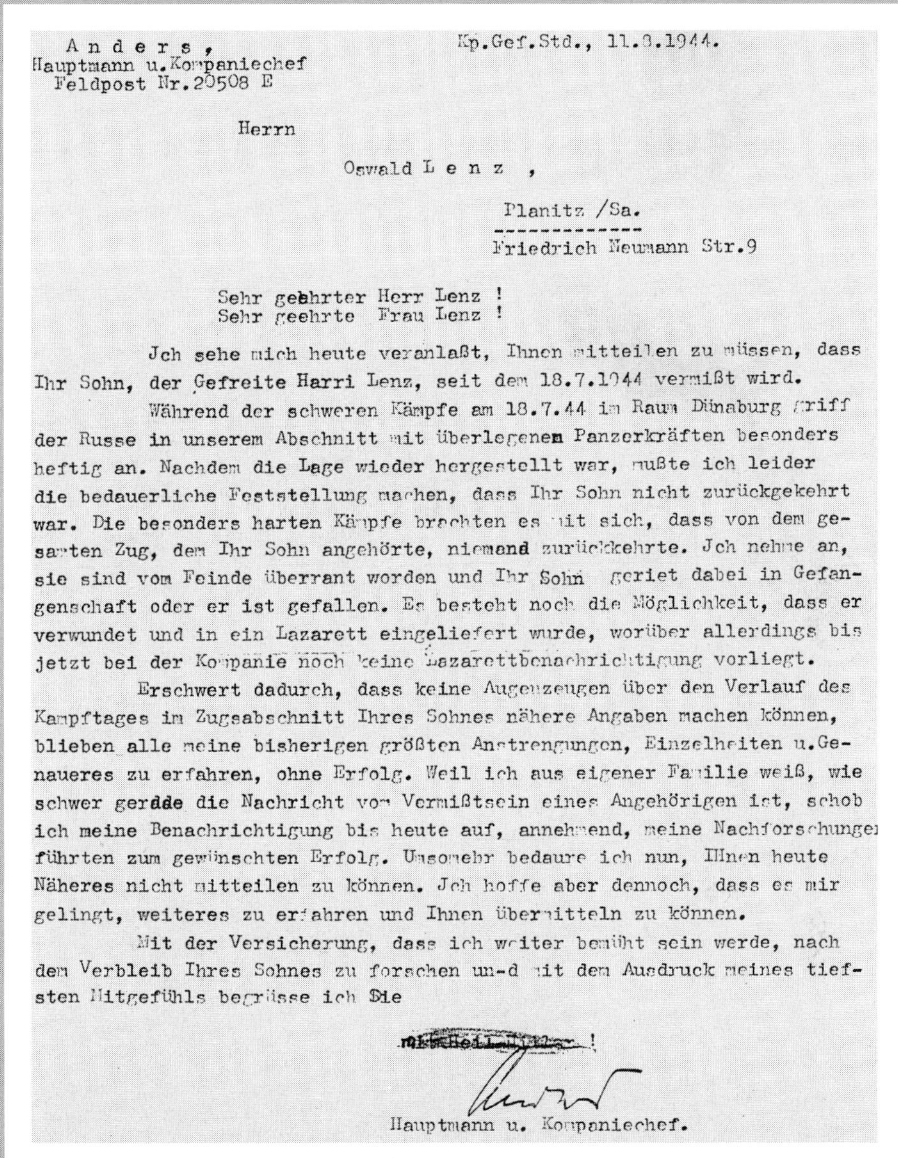

Anders,
Hauptmann u. Kompaniechef
Feldpost Nr. 20508 E

Kp.Gef.Std., 11.8.1944.

Herrn

Oswald Lenz,

Planitz /Sa.

Friedrich Neumann Str. 9

Sehr geehrter Herr Lenz !
Sehr geehrte Frau Lenz !

Jch sehe mich heute veranlaßt, Ihnen mitteilen zu müssen, dass Ihr Sohn, der Gefreite Harri Lenz, seit dem 18.7.1944 vermißt wird.

Während der schweren Kämpfe am 18.7.44 im Raum Dünaburg griff der Russe in unserem Abschnitt mit überlegenem Panzerkräften besonders heftig an. Nachdem die Lage wieder hergestellt war, mußte ich leider die bedauerliche Feststellung machen, dass Ihr Sohn nicht zurückgekehrt war. Die besonders harten Kämpfe brachten es mit sich, dass von dem gesamten Zug, dem Ihr Sohn angehörte, niemand zurückkehrte. Jch nehme an, sie sind vom Feinde überrant worden und Ihr Sohn geriet dabei in Gefangenschaft oder er ist gefallen. Es besteht noch die Möglichkeit, dass er verwundet und in ein Lazarett eingeliefert wurde, worüber allerdings bis jetzt bei der Kompanie noch keine Lazarettbenachrichtigung vorliegt.

Erschwert dadurch, dass keine Augenzeugen über den Verlauf des Kampftages im Zugsabschnitt Ihres Sohnes nähere Angaben machen können, blieben alle meine bisherigen größten Anstrengungen, Einzelheiten u. Genaueres zu erfahren, ohne Erfolg. Weil ich aus eigener Familie weiß, wie schwer gerade die Nachricht vom Vermißtsein eines Angehörigen ist, schob ich meine Benachrichtigung bis heute auf, annehmend, meine Nachforschungen führten zum gewünschten Erfolg. Umsomehr bedaure ich nun, Ihnen heute Näheres nicht mitteilen zu können. Jch hoffe aber dennoch, dass es mir gelingt, weiteres zu erfahren und Ihnen übermitteln zu können.

Mit der Versicherung, dass ich weiter bemüht sein werde, nach dem Verbleib Ihres Sohnes zu forschen un-d mit dem Ausdruck meines tiefsten Mitgefühls begrüsse ich Sie

~~Mit Heil Hitler~~ !

Anders

Hauptmann u. Kompaniechef.

Das Schreiben des Kompaniechefs spricht für sich. Die jahrelange Ungewissheit findet hier jedoch ein gutes Ende: Harri Lenz aus dem sächsischen Planitz kehrt 1950 aus russischer Kriegsgefangenschaft nach Deutschland zurück.

oben:
Sanitätssoldaten schleppen ihre verwundeten Kameraden auf Karren zum Lazarett, Siegen, März 1945.

unten:
Die Beerdigung der 98 Opfer des Bombenangriffs auf das St.-Barbara-Krankenhaus in Gladbeck im Mai 1943 – unter den Opfern sind 41 Kinder.

Weihnachten im Lazarett: Eine Weihnachtsfeier im Reservelazarett Hesterberg bei Schleswig.

Während der NS-Herrschaft gibt es in Steyr verschiedene Lager. Auch diese Zwangsarbeiterin aus Osteuropa war dort inhaftiert.

oben:

Zwischen 1940 und 1945 leben über 14.000 Kriegsgefangene und Zwangsarbeiter in 29 Lagern in Gladbeck. Ihr Haupteinsatzort sind die Steinkohlezechen. Zu sehen sind russische Kriegsgefangene bei der Verpflegungsausgabe.

unten:

Nach Kriegsende werden russische Kriegsgefangene, die noch wenige Tage vor dem Einmarsch der Amerikaner in Duisburg erschossen worden sind, von amerikanischen Soldaten begraben.

oben:

Der zweite Flakhelfer von links ist der spätere Schauspieler Walter Giller. Der Hamburger Schüler muss wie viele seiner Altersgenossen 1943 mithelfen, seine Heimatstadt zu verteidigen.

unten:

Der im September 1944 aufgestellte Volkssturm war das letzte militärische Aufgebot des Dritten Reiches. Wie hier im Frühjahr 1945 in Westerholt, konnten die schlecht ausgebildeten Männer nur wenig ausrichten. Die Verluste waren hoch.

oben:

Leichtes Flakgeschütz im Einsatz in Zwickau, 1945.

unten:

Neben stundenlangem Drill an den Geschützen gehörte auch das Warten auf den Feind zum Alltag der Flakhelfer, wie hier in Barsbüttel.

Nächtlicher Blick vom Gebäude des Norddeutschen Lloyd auf die Kirche St. Ansgari und Woltmershausen am 22. Juni 1940 während des fünften Luftangriffes auf Bremen.

oben:

Krieg im Keller: Luftschutzbunker in Andernach.

unten:

Im Kriegsjahr 1943 wurde der Luftschutzraum zum nächtlichen Unterschlupf. Diese Frauen und Mädchen warten in Schifferstadt auf Entwarnung.

oben:
Luftangriff im Sommer 1943 auf Hamburg-Harburg. Obwohl das Fotografieren von Kampfhandlungen strengstens verboten ist, gibt es doch immer wieder Menschen, die trotzdem Aufnahmen machen.

unten:
Überall werden Frauen unterschiedlichen Alters zum Luftschutz herangezogen. Diese Frauen sind in Riedlingen im Einsatz.

Fliegeralarm in Schweinfurt: Menschen eilen von den Straßen auf der Suche nach Schutzräumen.

Mit zunehmender Bombardierung der Städte werden Kinder aus deutschen Großstädten mit der „Kinderlandverschickung“ in ländliche Gegenden evakuiert. Dieses Geschwisterpaar aus Hamburg-Harburg verbringt fast ein Jahr bis nach Kriegsende 1945 in einem Kinderheim in Süddeutschland.

oben:

Auch diese Kamp-Lintforter Kinder sind mit der „Kinderlandverschickung" unterwegs nach Würzburg.

unten:

Kinder spielen Krieg: „Panzerdivision Rübezahl", Juni 1941 in Neulengbach im Wienerwald.

B-17 Bomber bei einem Tagangriff auf Frankenthal im September 1944.

ADOLF HITLER ERKLÄRTE KRIEG AN DIE VEREINIGTEN STAATEN AM 11. DEZEMBER 1941

Präsident Roosevelt an den Kongress am 7.1.1943:
Wir werden zuschlagen — und hart zuschlagen. Ich kann Ihnen nicht sagen, ob wir den Feind in Norwegen oder in den Niederlanden oder in Frankreich oder in Sardinien oder Sizilien oder im Balkan oder Polen oder aber an mehreren Punkten gleichzeitig zum Kampfe stellen werden. Aber eines kann ich Ihnen sagen — gleichgültig wo und wann wir zu Lande losschlagen werden, wir und die Engländer und die Russen werden ihm aus der Luft hart und ohne Ruhepause zusetzen. ★ Tagaus, tagein werden wir Tonnen von Sprengbomben auf seine Rüstungsfabriken, Kriegsanlagen und Hafeneinrichtungen abwerfen.

★ Die amerikanische Flugwaffe greift diese Ziele jetzt an!

USG 5

links:

Dieses Flugblatt werfen die Aliierten im September 1943 über Vaihingen ab, um die Bevölkerung zum Widerstand gegen das NS-Regime und zur Beendigung des Krieges aufzurufen.

rechts:

Auf der Rückseite wird die Bevölkerung darauf hingewiesen, dass Hitler den USA am 11. Dezember 1941 den Krieg erklärt hat.

oben:
1943 ist Frankenthal ein einziges Trümmerfeld.

unten:
Amerikaner ziehen in die Trümmerwüste von Pirmasens ein. Die Wehrmacht hatte die Stadt im März 1945 aufgegeben.

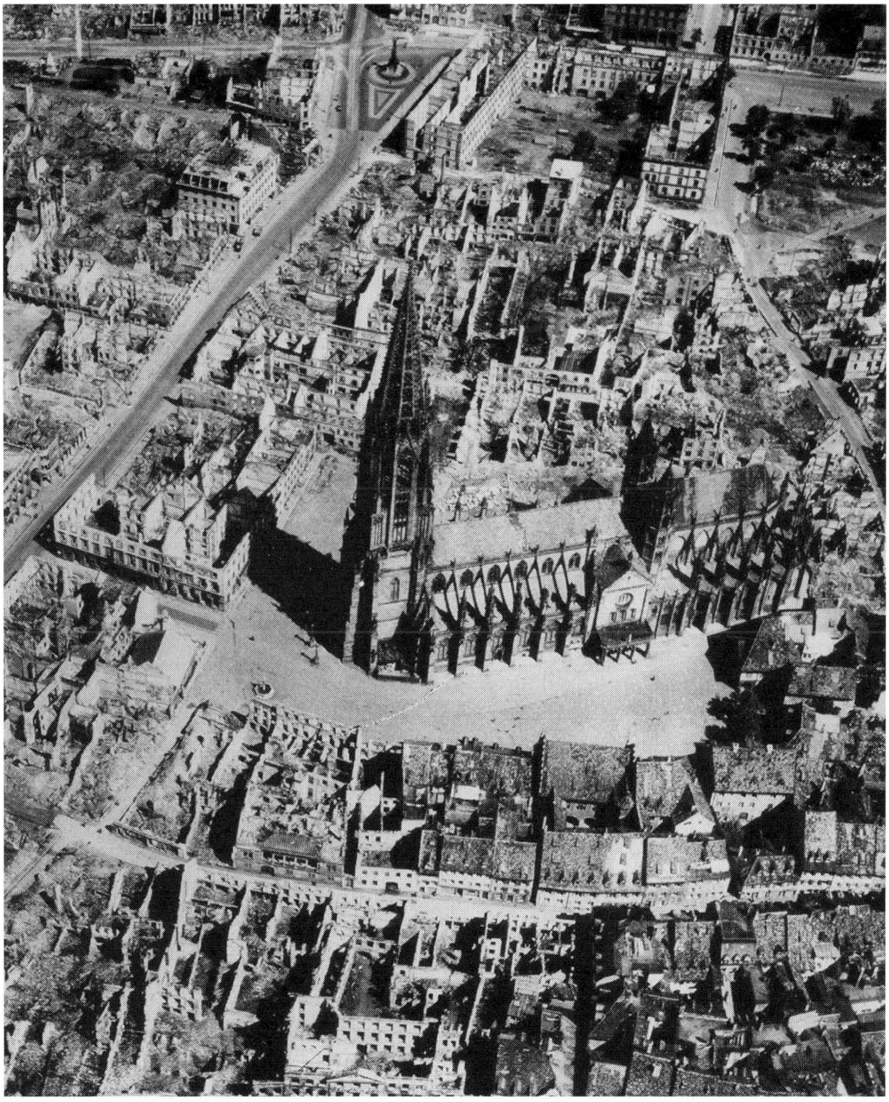

Ein 20-minütiger Angriff der Royal Air Force zerstörte im April 1945 die komplette Altstadt von Freiburg. 20.000 Bomben trafen vor allem den Norden und Westen der Stadt. Das Freiburger Münster blieb verschont.

oben:

Zerstörte Wohnhäuser in Schwandorf (Oberpfalz) nach schweren Luftangriffen im Frühjahr 1945.

unten:

Schwere Zerstörung durch Luftangriffe auch in Zwickau, hier nach dem schweren Angriff im März 1945.

Thüringer Gauzeitung

Verlag „Der Nationalsozialist" NS-Verlag für den Gau Thüringen GmbH., Weimar, Sammelruf 5681. Erfüllungsort: Weimar. Postscheck: Erfurt 29069. Anzeigenpreis und Aufnahmebedingungen laut Preisliste.

DER NATIONALSOZIALIST

Die „Thüringer Gauzeitung" erscheint wöchentlich sechsmal mor… Bezugspreis monatl. RM. 1,95 (einschl. 28,7 Rpf. Beförderungsko… zuzüglich 25 Rpf. Trägergebühr, bei Postbezug 36 Rpf. Zustell…

Amtliches Organ der Gauleitung Thüringen der NSDAP. und der Thüringischen Staatsregierung

…ummer 39 | WEIMAR, Donnerstag, den 15. Februar | Jahrgang 1…

Für den Führer und das nationalsozialistische Großdeutschland

fielen beim Terrorangriff auf Weimar am 9. Februar 1945

Adamek, Rudi
Altgassen, Johanna, geb. 3. 2. 02
Apel, Otto
Aschenbrenner, Ehefrau
Auer, Hermann, geb. 20. 4. 90
Baginski, Auguste, 9. 2. 75
Barth, Frau
Barth, Johanna
Barthel, Priska, geb. 25. 4. 28
Basner, Frau
Baumann, Johanna
Bauroth, Emmi
Becker, Ernst
Becker, Ehefrau
Becker, Kind
Beese, Heinrich
Beller, Ilse, geb. 22. 2. 42
Beller, Johanna, geb. 17. 5. 12
Beller, Werner
Beller, Wilhelm
Bembach, Ilse
Beyer, Karl, geb. 1. 2. 64
Beyer, Marie
Birthelmer, Heinrich, geb. 1. 3. 15
Blümel, Emma, geb. 8. 12. 99
Bober, Hedwig, geb. 6. 10. 16
Bober, Wolfram, geb. 8. 7. 39
Bober, Monika, 20. 11. 40
Böber, Fritz, geb. 12. 6. 01
Böhm, Julius, geb. 16. 7. 96
Böhmer, Franz, geb. 11. 11. 12
Bohm, Hans
Borbonus, Ruth
Breustedt, Sylvia, geb. 4. 6. 22
Brose, Eva-Marie, geb. 2. 8. 36
Brunner, Irene, geb. 5. 3. 28
Büchner, Elisabeth, geb. 7. 1. 25
Bürger, Willy, geb. 7. 8. 02
Büsser, Anita, geb. 28. 10. 26
Buhler, Agnes
Damm, Helga, geb. 18. 12. 28
Dathan, Arno, geb. 2. 8. 93
Daub
Delft, von, Irene, geb. 24. 5. 24
Demuth, Lore, geb. 16. 9. 28
Deubach, August
Dierdorf, Liselotte, geb. 24. 9. 24
Dix, Feodora, geb. 11. 6. 14
Dobrischowsky, 21 Jahre
Dobros, Johann
Döbel, Bertold, 50 Jahre
Döllner, Horst, geb. 31. 7. 22
Drescher, Flora
Dünger
Dünkel, Anton, geb. 16. 11. 04
Ebner, Marianne, geb. 4. 11. 25
Eckhaut, Hasso
Ehlen, Katharina, geb. 6. 1. 25
Eisenburger, Heinz
Eisenburger, Vera, geb. 27. 5. 27
Eismann, Lisse, geb. 28. 7. 86
Ehrhardt, Paul, geb. 11. 4. 76
Engelbrecht, Erna, geb. 16. 4. 06
Erler
Estel, Alfred
Ewerken, Marie
Fehdner, Richard, geb. 6. 11. 86
Fesenfeld, Christa, geb. 31. 12. 24.
Ficht, Ida, 72 Jahre
Flock
Förderer, Ingeborg, geb. 16. 12. 24
Frankenberger, Emilia
Frenkel, Hermann, geb. 9. 1. 07
Friedrich, Hanna, geb. 9. 1. 24.
Frischmuth, Lieschen
Frischmuth, Walter
Fuß, Wilhelmine
Gärtner, Auguste
Gebert, Elisabeth
Geißler, Dorothea, geb. 29. 7. 24
Gerhardt, Richard, geb. 16. 4. 76.
Giersch, Elisabeth, geb. 20. 7. 94
Giersch, Hannelore, geb. 26. 8. 30
Giersch, Marianne, geb. 17. 2. 24
Gische, Marie
Göring, Pauline, geb. 22. 4. 73
Götting, Rosemarie, geb. 14. 12. 38
Govier, Brigitte
Gräf, Elisabeth
Gratz, Gertraude
Grommes, Georg, geb. 24. 12. 08
Grubert, Margot, geb. 26. 8. 26
Händel, Paul
Hahnemann, Alfred, geb. 28. 12. 84
Hary, 35 Jahre
Heck, Karl, geb. 22. 3. 22
Heim, Klara
Heim, Oskar
Heim, Richard, geb. 22. 11. 85
Heinicke, Ida, geb. 24. 12. 84.
Heinicke, Luise, geb. 22. 10. 52
Heinze, Dieter
Heinze, Roland
Hellenbrandt, Dagmar, geb. 31. 3. 40
Hellenbrandt, Evelyn, geb. 11. 10. 41
Hellenbrandt, Ursula, geb. 2. 11. 16
Hellenbrandt, Axel, 26. 8. 38
Herrmann, Gertrud, geb. 15. 1. 20
Hesse, Karoline, geb. 4. 2. 62
Hildesheim, Anna, geb. 16. 12. 01
Hildesheim, Edith, geb. 9. 4. 36
Hildesheim, Hannelore, geb. 12. 10. 31
Hildesheim, Helmut, geb. 14. 4. 33
Hildesheim, Klaus, geb. 2. 4. 39
Hildesheim, Paul, geb. 17. 8. 99
Hildesheim, Wolfgang, geb. 2. 12. 41
Hirsch, Paul
Höhne, Margarete
Höpfner, Franziska, geb. 16. 9. 02
Hoffmann, Helga
Hoffmann, Luise
Hoinka, Herbert, geb. 31. 5. 98
Holzapfel, Alois, geb. 2. 5. 22
Hülbig, Agnes
Hüttenrauch, Erna
Immerthal, Charlotte, geb. 10. 2. 07
Jadewizok, Alouis
Jäger, Arthur, geb. 15. 1. 01
Jäger, Frieda, geb. 2. 8. 94
Jenkel, Frau
Jersch, Erna, geb. 20. 3. 12
Kablanowskaja, Irena
Kahle-Bjornsgaard, Leila, geb. 6. 8. 85
Kaiser, Gert, geb. 21. 2. 34
Kampf, Georg, geb. 18. 11. 27
Karnstedt, Rosa, geb. 9. 12. 69
Kaufmann
Kempe
Kipke, Ilda, geb. 28. 2. 90
Kirst, Franz, geb. 4. 10. 05
Kirst, Elsa
Klamberg, Klaus, geb. 9. 6. 27
Klaus
Knoblauch
Koch, Georg
Kölling, Helene, geb. 18. 11. 81
Kölling, Marie, geb. 13. 6. 83
Kölling, Paul, geb. 9. 11. 74
Kölling, Willi
König, Erich
Könitzer, Fritz, geb. 3. 4. 00
Körner, Jutta, geb. 29. 3. 27
Kötschau, Martha, geb. 27. 9. 89
Kohl, Karl-Maria, geb. 20. 11. 89
Koslowski, Gudrun, geb. 23. 1. 43
Kowatsch, Michael
Kraft
Kramer, Erich
Kranz, Marie
Krause, Lina, geb. 13. 3. 66
Kritz, Artur, geb. 9. 9. 00
Kröhnert, Walter, geb. 25. 1. 08
Kühn, Friedrich
Kühn, Heinrich
Künne, Fritz, geb. 18. 6. 04
Kuhn, Gustav, geb. 15. 11. 98
Krummerich, Margot, geb. 30. 1. 38
Lang, Anna, geb. 13. 8. 95
Lapp, Friedrich, geb. 29. 5. 90
Lauch, Max, geb. 27. 6. 17
Lekse, Johann
Lenz, Winfried, 6 Jahre
Leube, Heinz
Liebau, Christa, geb. 8. 12. 39
Liebau, Dieter, geb. 8. 11. 37
Linsenbarth, Arthur, geb. 14. 2. 16
Löchner, Alois
Löchner, Elisabeth
Löser, Vera, geb. 13. 1. 20
Luge-Stolze, Christina
Machts, Johanna, geb. 6. 10. 65
Magler, Frau
Magler, Kind
Mahnert, Edith
Mahnert, Wolfgang
Mannes, Charlotte
Mannes, Jürgen, geb. 4. 9. 42
Mannes, Wolf, geb. 1944
Manold, Paul, geb. 10. 9. 96
Marth, Otto
Martinick, Anna
Marx, Minna, geb. 20. 6. 79
Matten, Christine
Matten, Doris
Matuschka
Meier, Charlotte, geb. 31. 5. 28
Menge, Paul, geb. 28. 11. 86
Merten, Karl
Merz, Hilde, geb. 5. 8. 22
Mensel, Eduard
Menze, Sophie, 8. 11. 12
Metzler, Heinz
Meyer, Otto
Möller, Albert-Rudolf, geb. 19. 11. 02
Möller, Gustav, geb. 4. 2. 83
Motz, Frau
Müller, Anton, geb. 3. 2. 06
Müller, Liselotte
Müller, Marta, geb. 31. 7. 94
Müller, Otto
Münster, Anton
Nagler, Günther, geb. 1. 9. 36
Neß, Else
Neß, Eva
Neumann, Ilse
Nimser
Oechtering, Karola, geb. 7. 6. 12
Oechtering, Ursula, geb. 17. 8. 43
Orbig
Oswald, Michael, geb. 21. 2. 09
Oswald, Uwe
Pankalla, Alouis, geb. 20. 9. 90
Patenge, Frau
Patenge, Lotte, 14 Jahre
Patenge, Luise, 16 Jahre
Petersilie, Dorothea
Petersilie, Käthe
Pfeiffer, Gerhard, geb. 5. 1. 29
Pietzsch, Margarethe
Platzek, Frieda
Porsche, Armin, geb. 17. 6. 12
Prausner
Pruwer
Quendt, Auguste, geb. 21. 1. 61
Quendt, Pauline, 85 Jahre
Quenzel, Wolfgang, geb. 1. 8. 05
Rademacher, Walter, geb. 25. 8. 20
Redersen, Hermann, geb. 9. 11. 81
Reicherdt, Maria, geb. 9. 8. 06
Rietz, Erna, geb. 22. 5. 09
Rinke, Frau
Rissland, Waltraud
Ritter, Hans, geb. 17. 3. 94
Ritter, Karl, geb. 18. 2. 03
Roeder, Max, geb. 24. 8. 64
Ronsek, Karl
Rothe, Otto, 24. 4. 71
Rückoldt, Hildegard, geb. 15. 5. 08
Rückoldt, Manfred, geb. 14. 8. 38
Salomon, Otto, geb. 14. 8. 93
Sauer, Hans-Peter
Sauer, Heinz, geb. 10. 6. 35
Schalling, Anna
Schilling
Seiler, Irmgard
Semrau, Marga
Semrau, Ursula
Siegesmund, Rosemarie, geb. 29. 7. 28
Siemann, Hermann, geb. 24. 4. 02
Singer, Ehefrau
Singer, Helga
Sondhaus, Richard, geb. 29. 6. 90
Schäfsmeier, Hedwig
Schäfsmeier, August, 27. 9. 85
Scharz
Scheidt
Schlee, Otto, geb. 2. 3. 96
Schleifenbaum, Alfred
Schleifenbaum, Ingelore, geb. 16. 4. 35
Schleifenbaum, Wilfried, geb. 3. 7. 40
Schmack, Heinrich
Schmidt, Elisabeth, geb. 27. 9. 03
Schmidt, Gerda
Schmidt, Hermann
Schmidt, Walter, geb. 30. 7. 92
Schöne, Alexandra
Schöne, Charlotte
Scholz, Ehefrau
Scholz, Edeltraud
Scholz Ernst, geb. 27. 11. 99
Scholz, Gerhard, geb. 27. 2. 48
Schuchort, Arno
Schubert, Otto, geb. 22. 12. 89
Schürer, Alfred
Schütz, Heinz
Schütz, Helga
Schulz, Hans, geb. 25. 7. 97
Schulz, Oskar, geb. 7. 8. 75
Schuster, Hanns, geb. 1. 10. 01
Specks, Alfred, geb. 25. 12. 40
Specks, Therese
Siegemann, Emma, geb. 17. 4. 86
Steinhardt
Testeloff, Lieselotte
Teichmann, Paul, geb. 18. 8. 09
Tews, Margarete
Thalgott, Eduard, geb. 10. 10. 92
Thalgott, Frau
Thieme, Helene, geb. 28. 6. 03
Vlk, Karl, geb. 9. 8. 17
Vöckler, Fred
Vöckler, Rosemarie
Vödisch, Gottfried, geb. 7. 1. 00
Völker, Wilhelm, geb. 3. 4. 34
Voigt, Albert, geb. 5. 1. 83
Wächter, Hermann
Wahl, Frieda, geb. 4. 6. 76
Waldmann, Arno, geb. 28. 5. 00
Walther, Grete
Walther, Martha, geb. 29. 2. 72
Wankerl, Ruth, geb. 7. 4. 28
Weber, Elisabeth
Weber, Ingrid
Weinig, Sigrid, geb. 19. 11. 28
Weiß, Louis
Wiedemann, Otto, geb. 4. 8. 86
Wiener, Hilde
Wildemann, Ruth, geb. 9. 8. 28
Winkler, Käthe, geb. 9. 7. 18
Winter, Christa
Winter, Monika
Wölk, Charlotte
Wölke, Erika
Wolf, Karl
Wolmer, Friedrich, geb. 3. 1. 74
Wulf, Otto, 50 Jahre
Zabel, Karl
Ziehn, Otto, 35 Jahre
Ziehn, Georg
Zinkeisen, Maria, geb. 5. 11. 66

Wir neigen uns in Ehrfurcht vor den Gefallenen. Ihr Opfertod verpflichtet uns zum höchsten Einsatz für die Zukunft unseres Volkes.

Es lebe der Führer! Es lebe Deutschland!

Der Oberbürgermeister
Otto Koch

Der Kreisleiter
Franz Hofmann

Titelseite der „Thüringer Gauzeitung" vom 15. Februar 1945. Am 9. Februar 1945 fand gegen 12.30 Uhr mittags ein 10-minütiger amerikanischer Bombenangriff auf Weimar statt. Die 481 Tonnen Bomben töteten 686 Menschen. 356 waren KZ-Häftlinge, die während des Angriffs in den Gustloff-Werken weiterarbeiten mussten. Die Totenfeier wurde am 15. Februar auf dem Fürstenplatz begangen.

oben:
Noch sind diese russischen Kriegsgefangenen in Lingen nicht befreit. Sie müssen schwerste Arbeiten bei minimaler Verpflegung verrichten.

unten:
Straße für Straße erobern die Russen Ende April 1945 Berlin.

oben:

Amerikanische Soldaten auf ihrem Vormarsch nach Siegen, März 1945.

unten:

Zahlreiche deutsche Soldaten, die sich bei Andernach nicht mehr rechtzeitig auf die rechte Rheinseite zurückziehen können, geraten in Gefangenschaft.

oben:

Eine Rotkreuzschwester mit amerikanischen Soldaten. Beim Einmarsch der Amerikaner werden die Einwohner von Wadern (Saarland) aus ihren Häusern auf die Straße geholt.

unten:

Sowjetische Soldaten im Hof des Hauses Thomasiusstr. 10 in Berlin-Tiergarten. In den Häusern Nr. 11 und 12 befand sich die sowjetische Kommandantur.

Der Krieg ist vorbei: Am 5. Mai 1945 ziehen die Amerikaner in Steyr ein.

Abbildungsnachweis

Volker Gallé. Christine Hinkel, Manfred Hinkel, Gisela Kleinknecht, Wulf Kleinknecht
Alzey. Fotografische Geschichte einer rheinhessischen Kleinstadt
1998, ISBN 978-3-89702-055-9, 14,90 €
Seite 23 m., 48, 49 o., 102 l.

Klaus Schäfer
Andernach am Rhein
1998, ISBN 978-2-89702-066-5, 14,90 €
Seite 26 u., 34 o., 36 u., 91, 111 o., 123 u.

Rolf Westheider
Arbeit und Freizeit in Versmold
2001, ISBN 978-3-89702-314-7
Seite 82 o., 85 u. (Stadtarchiv Versmold)

Rainer Weichelt
Arbeit und Leben in Gladbeck
2002, ISBN 978-3-89702-444-1, 17,90 €
Seite 33 o., 35 u., 55, 104 u., 107 o.

Hans-Heinz Hartmann, Marianne Klubitschko
Bad Rappenau. Abschied vom alten Dorf
2008, ISBN 978-3-86680-135-6, 17,90 €
Seite 43 o.

Carsten Walczok
Barsbüttel
2006, ISBN 978-3-89702-978-3, 17,90 €
Seite 108 o. (Gemeindearchiv Barsbüttel/Walter Giller), 109 u. (Gemeindearchiv Barsbüttel)

Gabriele Scholz, Volker Schüler
Bergheim. Die Kreisstadt an der Erft
1999, ISBN 978-3-89702-179-2, 16,90 €
Seite 100, 101 u. (Kreisarchiv Erftkreis)

Heike Wittmer, Bernhard Kukatzki
Bugsel in der Luft. Pirmasenser Bilderbogen
2003, ISBN 978-3-89702-547-9, 17,90 €
Seite 44 u., 54 o., 62 u., 75, 88 u., 118 u.

Karl-Josef Gilles
Das Moseltal zwischen Koblenz und Trier 1920-1950
2007, ISBN 978-3-89702-943-9
Seite 26 o., 32 o.

Norbert Peschke, Lorenz Zentgraf
Die Garnison Zwickau im Frieden und im Krieg
2006, ISBN 978-3-86680-008-3, 17,90 €
Seite 83 u., 84, 85 o., 99, 103

Franz Buitmann, Otto zu Hoene
Die Stadt und Samtgemeinde Bersenbrück
2004, ISBN 978-3-89702-572-1, 7,95 €
Seite 89 u.

Hans Georg Kraume
Duisburg. Die alte Stadt
1997, ISBN 978-3-89702-026-9
Seite 20 u., 73, 87 u., 107 u. (Stadtarchiv)

Rainer Lotz
Esslingen
2007, ISBN 978-3-86680-136-3, 17,90 €
Seite 47 u., 88 o.

Walter Jarosch, Gerhard Nestler
Frankenthal
2000, ISBN 978-3-89702-242-3, 16,90 €
Seite 44 o., 70 u., 86 u., 116, 118 o.

Peter Kalchthaler
Freiburg im Breisgau
2008, ISBN 978-3-86680-279-7, 18,90 €
Seite 119

Rainer Meyer
Freie Hansestadt Bremen
1998, ISBN 978-3-89702-088-7, 7,95 €
Seite 53 o., 110

Guido Blietz
Goch 1900 bis 1939
2006, ISBN 978-3-86680-017-5, 17,90 €
Seite 13 o., 29 u., 60 o., 74 o. (Stadtarchiv Goch)

Karl Albrecht Kubinzky
Graz
2008, ISBN 978-3-89702-270-6, 17,40 €
Seite 22 u., 77 o., 81 o.

Winfried Arenhövel
Greiz
2007, ISBN 978-3-89702-263-8, 16,90 €
Seite 78, 90 o.

Sibylle Küttner
Hamburg-Harburg
2007, ISBN 978-3-89702-727-5, 17,90 €
Seite 112 o. (Helms-Museum, Hamburg), 114 (Heinrich Hönerloh, Lilienthal)

Ulrich Manthey, Wolfgang Jung, Herbert Krieg
Hameln. Kaiserreich bis NS-Zeit
1998, ISBN 978-3-89702-015-3, 14,90 €
Seite 15 u.

Ernst Grabovski
Innere Stadt. Wien, 1. Bezirk
2002, ISBN 978-3-89702-467-0, 18,40 €
Seite 81 u.

Gemeinde Issum
Issum und seine Ortsteile
2005, ISBN 978-3-89702-901-9, 17,90 €
Seite 35 o., 101 o.

Bernhard Kukatzki
Jüdisches Leben in der Pfalz
2006, ISBN 978-3-97802-756-5, 17,90 €
Seite 71, 72, 76

Jürgen Kwiatkowski, Edmund A. Burzynski
Kamp-Lintfort
1999, ISBN 978-3-89702-171-6, 16,90 €
Seite 38 u., 47 o., 64 o., 115 o.

Heinz R. Schmidt
Kaufbeuren in vergangenen Tagen
2006, ISBN 978-3-89702-964-4, 17,90 €
Seite 13 u.

Stefan Wicklein
Kronach 1920 bis 1950
2005, ISBN 978-3-89702-898-2, 17,90 €
Seite 67 u.

Thorsten Mietzner
Lahrer Augenblicke. Bilder einer Stadt
1999, ISBN 978-3-89702-164-8, 16,90 €
Seite 16 o., 27, 28 o., 46, 80 o., 95, 96

Gerhard Hotz, Hubert Simon
Lampertheim
2001, ISBN 978-3-89702-297-3, 17,90 €
Seite 58

Achim R. Baumgarten
Leben im Hunsrück
1998, ISBN 978-3-89702-081-8, 14,90 €
Seite 10, 31 o., 38 o., 42 o., 69

Lucas Weber, Jan Teschmit
Leben in Lehrte
2006, ISBN 978-3-86680-049-6, 17,90 €
Seite 24, 40, 87 o., 90 u. (Stadtarchiv Lehrte)

Christel Foerster
Leben in Leipzig 1900–1970
1997, ISBN 978-3-97802-027-6, 14,90 €
Seite 56 m., 56 u., 57, 97 o.

Susanne Leitner-Böchzelt
Leoben
2008, ISBN 978-3-89702-408-3, 18,40 €
Seite 16 u.

Andreas Eiynck
Lingen. Stadt und Altkreis
2008, ISBN 978-3-89702-488-5, 17,90 €
Seite 32 u., 122 o.

Gerhard Keiderling
Meine Weimarer Jahre. Erinnerungen an Kindheit und Jugend
2005, ISBN 978-3-89702-832-6, 19,90 €
Seite 121

Inge Kaufmann
Mindelheim. Fotos aus alten Tagen
2008, ISBN 978-3-86680-301-5, 17,90 €
Seite 43 u.

Erwin Renner, Wilhelm Heil
Mutterstadt
2000, ISBN 978-3-89702-256-0, 16,90 €
Seite 33 u., 39 o., 42 u., 61 o., 62 o., 65 u., 77 u.

Günter Wagensommerer
Neulengbach. Leben in fünf Staaten und an einem Ort
2004, ISBN 978-3-89702-754-1, 18,40 €
Seite 14 u., 37 u., 85 m., 115 u.

Rolf-Berns de Groot
Obernkirchen
1997, ISBN 978-3-89702-001-6, 14,90 €
Seite 64 u.

Jürgen Eisenbach, Walter Hell
Oestrich-Winkel
2002, ISBN 978-3-89702-407-6, 17,90 €
Seite 60 u.

Winfried Aßfalg
Riedlingen an der Donau
2003, ISBN 978-3-89702-627-8, 17,90 €
Seite 102 r., 112 u.

Bernhard Kukatzki, Beate Steigner
Schifferstadt. Ein historischer Bilderbummel
2000, ISBN 978-3-89702-233-1, 16,90 €
Seite 28 u., 29 o., 36 o., 56 o., 61 u., 74 u., 111 u.

Holger Rüdel
Schleswig
1998, ISBN 978-3-89702-092-4, 14,90 €
Seite 105

Gustav Hildebrand
Schlüchtern. Bilder einer vergangenen Zeit
2005, ISBN 978-3-89702-906-4, 17,90 €
Seite 31 u.

Franz Fehrenbacher, Gisela Lixfeld
Schramberg. Stadt im Bild
1999, ISBN 978-3-89702-150-1, 7,95 €
Seite 53 u., 67 o.

Alfred Wolfsteiner
Schwandorf im Bombenhagel
2005, ISBN 978-3-89702-803-6, 17,90 €
Seite 92, 120 o.

Uwe Müller
Schweinfurt
1998, ISBN 978-3-89702-020-7, 14,90 €
Seite 113 (Stadtarchiv Schweinfurt, Bildsammlung/Foto: Uhlenhut)

Frank-Uwe Betz
Schwetzingen. Stadt und Leute
2001, ISBN 978-3-97892-387-1, 17,90 €
Seite 83 o.

Hans Klappert
Siegen. Dreißiger- bis Siebzigerjahre
2002, ISBN 978-3-89702-441-0, 17,90 €
Seite 104 o., 123 o.

Manfred Blendinger
Spvgg Ansbach 09
2003, ISBN 978-3-89702-551-6, 17,90 €
Seite 65 o.

Johann Kloß, Jürgen Schwer
Stadt Senden
2001, ISBN-978-3-89702-290-7, 17,90 €
Seite 52 u.

Raimund Ločičnik
Steyr im Wandel der Zeit
2008, ISBN 978-3-86680-106-6, 18,40 €
Seite 21, 106, 125

Gerd Manig, Dieter Schellenberger
Suhler Alltagsimpressionen
2000, ISBN 978-3-89702-216-4, 16,90 €
Seite 68, 82 u.

Peter W. Schmidt
Tiergarten. Ein Berliner Bezirk
1998, ISBN 978-3-89702-030-6, 7,95 €
Seite 122 u., 124 u.

Rupert Dworak, Erich Steiner
Trofaiach. Eine Zeitreise
2005, ISBN 978-3-89702-813-5, 18,40 €
Einbandbild (Rupert Dworak)

Dietmar Speidel
Vaihingen auf den Fildern in den Dreißiger- und Vierzigerjahren
2005, ISBN 978-3-89702-835-7, 17,90 €
Seite 6, 22 o., 23 u., 50, 51, 63, 89 o., 98, 117

Autorenteam der Stadt Wadern
Wadern
2000, ISBN 978-3-89702-254-6, 16,90 €
Seite 52 o., 124 o.

Dietmar Schmitz, Klaus Bürger, Rita Körner
Wegberg. Bilder erzählen Geschichte
2008, ISBN 978-3-86680-013-7, 17,90 €
Seite 14 o.

Heinz Wener
Westerholt. Alte Bilder erzählen
2003, ISBN 978-3-97802-601-8, 7,95 €
Seite 97 u., 108 u.

Bernhard Kukatzki, Beate E. Steigner
Weinpfalz – Rheinpfalz
2002, ISBN 978-3-89702-406-7, 17,90 €
Seite 49 u.

Gerold Bönnen
Worms. Fotos von Leo Hanselmann
2000, ISBN 978-3-89702-252-2, 16,90 €
Seite 2, 23 o., 15 o., 18 o., 19, 17, 12, 18 u., 20 o., 30, 34 u., 37 o., 39 u., 45, 54 u., 66, 70 o., 80 u., 86 o. (Stadtarchiv Worms)

Hans-Gerd Dick
Zülpich
2001, ISBN 978-3-89702-382-6, 17,90 €
Seite 94

Norbert Peschke
Zwickau und Planitz im Bombenhagel
2004, ISBN 978-3-89702-734-3, 17,90 €
Seite 109 o., 120 u.

Wenn weder „o.“ (oben) noch „u.“ (unten), „r.“ (rechts) oder „l.“ (links) angegeben ist, stammen alle Bilder auf den angegebenen Seiten aus den aufgeführten Büchern.

Buchhinweise

Die Deutschen waren - mit oder ohne eigene Kolonien - Jahrhunderte lang an der europäischen Kolonialherrschaft in Übersee beteiligt. Das Buch begibt sich auf Spurensuche nach den Hinterlassenschaften dieses Kapitels der Geschichte, als Deutschland noch nach einem „Platz an der Sonne" strebte.

Ulrich van der Heyden, Joachim Zeller (Hgg.):
Kolonialismus hierzulande.
Eine Spurensuche in Deutschland
400 S., 100 Abb.
ISBN 978-3-86680-269-8
24,90 €

Eine Geschichte der Bundesrepublik, wie es sie noch nicht gegeben hat: Locker und fundiert berichtet Andrea Gotzes nicht nur von den wichtigsten Ereignissen aus Politik, Wirtschaft, Kultur und Alltagsleben, sondern porträtiert auch 60 Persönlichkeiten, die das Land von 1949 bis 2009 geprägt haben.

Andrea Gotzes:
60 Jahre, 60 Köpfe.
Die Bundesrepublik Deutschland 1949-2009
160 S., 150 Abb.
ISBN 978-3-86680-413-5
29,90 €